Menschenrechte

Fragen und Antworten

Leah Levin

MENSCHENRECHTE

Fragen und Antworten

Illustriert von Plantu

DRITTE AUSGABE

Löcker Verlag

Die Autorin ist für Auswahl und Präsentation der in diesem Buch enthaltenen Fakten und Meinungen verantwortlich, die nicht notwendigerweise denen der UNESCO entsprechen und aus denen der UNESCO keinerlei Verpflichtungen erwachsen.
Die in der Publikation verwendeten Bezeichnungen und die Präsentation des Materials stellen in keiner Weise eine Meinung der UNESCO hinsichtlich des rechtlichen Status eines Landes, Territoriums, einer Stadt oder einer Region oder deren Behörden dar; ebensowenig ist damit eine bindende Aussage hinsichtlich etwaiger Grenzfestlegungen gegeben.

Erstausgabe 1981 durch die Organisation der Vereinten Nationen für Erziehung, Wissenschaft und Kultur, 7, place de Fontenoy, 75352 Paris 07 SP, Frankreich.
Neuauflage mit Korrekturen 1982
Zweite erweiterte Ausgabe 1989
Dritte Ausgabe 1996

Die ersten Ausgaben wurden in 16 Sprachen veröffentlicht:
Englisch 1981, 1982, 1989; Französisch 1981; Spanisch 1982; Finnisch 1983; Deutsch 1983; Griechisch 1985; Portugiesisch 1985; Schwedisch 1985; Arabisch 1986; Dänisch 1986; Indonesisch 1987; Japanisch 1988; Slowakisch 1993; Russisch 1993; Armenisch 1994; Belarussisch 1995.
Aus dem Englischen übertragen von Eva M. Lenz
Titel der Originalausgabe: *Human Rights, Questions & Answers*

ISBN 3-85409-295-4

Herausgegeben von den UNESCO-Kommissionen Österreichs, Deutschlands und der Schweiz
Satz: Alfgard B. Kircher
Druck: novographic, 1230 Wien
Printed in Austria

Inhalt

Vorwort

Die Geschichte der Menschheit begleitet das ständige Bestreben, die Achtung für die Würde des Menschen zu gewährleisten. Die Idee der Menschenrechte wurde von Denkern verschiedener kultureller und religiöser Tradition entwickelt. Einen wichtigen Beitrag zur Förderung dieser Idee leisteten Staatsmänner und Juristen; schrittweise fanden geschriebene Normen für den Schutz der Rechte des einzelnen Eingang in nationale Gesetzgebungen.

Man tastete sich dazu vor, internationale Menschenrechtsnormen zu erstellen, insbesondere im 19. Jahrhundert und nach dem ersten Weltkrieg. Aber erst in der zweiten Hälfte des 20. Jahrhunderts entstand ein umfassendes internationales System zur Förderung und zum Schutz der Menschenrechte. Dies gelang in erster Linie dank der Bemühungen der Vereinten Nationen, ihrer Sonderorganisationen und regionaler zwischenstaatlicher Organisationen.

Die Charta der Vereinten Nationen brachte den festen Willen der Mitgliedstaaten zum Ausdruck, „den Glauben an die grundlegenden Menschenrechte, an die Würde und den Wert der menschlichen Person, an gleiche Rechte für Männer und Frauen…“[1] zu festigen.

Der zweite Weltkrieg hat bewiesen, daß massive interne Menschenrechtsverletzungen zum Bruch des internationalen Friedens führen. Die Überzeugung, daß „die Anerkennung der allen Mitgliedern der menschlichen Familie innewohnenden Würde und ihrer gleichen und unveräußerlichen Rechte die Grundlage der Freiheit, der Gerechtigkeit und des Friedens in der Welt bilden“,[2] wurde durch die Schrecken dieses Krieges bestätigt und bestärkt. Dieser Grundsatz fand Eingang in die Allgemeine Erklärung der Menschenrechte, die zum Eckpfeiler der in den darauffolgenden Jahren entstandenen internationalen Menschenrechts-Gesetzgebung wurde. Die zwei Internationalen Pakte über Menschenrechte (1966), die bürgerliche, kulturelle, wirtschaftliche, politische und soziale Rechte definieren, sind wichtige Meilensteine in diesem Prozeß.

Die internationalen Menschenrechts-Gesetze umfassen heute mehr als 80 universelle und regionale Konventionen,[3] die für die Vertragsstaaten verbindlich sind und daher sogenanntes „hartes Recht" darstellen. Eine weitaus größere Zahl von Deklarationen und Empfehlungen über Menschenrechte, die von internationalen Organisationen beschlossen wurden, sind zwar formal für die Staaten nicht verbindlich, aber durch den Einfluß, den sie auf internationale und nationale Praxis im Bereich der Menschenrechte ausüben, leisten sie einen Beitrag zur Schaffung von Gewohnheitsrechten und stellen das sogenannte „weiche Recht" dar. In vielen Fällen dienen Deklarationen und Empfehlungen als wichtige Vorstufen zur Abfassung von verbindlichen Rechtsinstrumenten.

Unbestreitbare Erfolge bei der Kodifizierung und bei der progressiven Entwicklung internationaler Menschenrechts-Gesetzgebung gehen aber nicht immer Hand in Hand mit deren Beachtung. Bedauerlicherweise werden in vielen Teilen der Welt Tag für Tag Menschenrechte verletzt. Fortschritte bei der Durchsetzung sind von vielerlei Faktoren abhängig; keineswegs der unbedeutendste unter ihnen ist dabei das Wissen um einschlägige Normen und Verfahrensweisen: Es ist offensichtlich, daß Menschenrechte und Grundfreiheiten nur dann eingehalten werden können, wenn sie bekannt sind. Erziehung zu Menschenrechten ist daher von größter Bedeutung. Die Allgemeine Erklärung der Menschenrechte stellt fest, daß „Die Ausbildung die volle Entfaltung der menschlichen Persönlichkeit und die Stärkung der Achtung der Menschenrechte und Grundfreiheiten zum Ziel haben soll."[4] Ähnliche Vorkehrungen finden sich in einer Reihe von Konventionen.[5] Das bedeutet, daß die Staaten nunmehr verpflichtet sind, zu Menschenrechten zu erziehen.

Menschenrechtserziehung ist eine wichtige Komponente der

UNESCO, deren Verfassung ihr die Verpflichtung auferlegt, die allgemeine Achtung für Gerechtigkeit, die Herrschaft des Rechts und der Menschenrechte und Grundfreiheiten zu fördern. Zur Förderung der Menschenrechtserziehung hat die UNESCO im Jahr 1974 ein spezielles Rechtsinstrument verabschiedet.[6] In den darauffolgenden Jahren hat sie neben zahlreichen anderen Tätigkeiten drei große internationale Tagungen zum Thema organisiert.

Die erste, der Internationale Kongreß über Menschenrechtsunterricht (Wien/Österreich, 1979), unterstrich besonders, daß Menschenrechtsunterricht folgende wichtige Ziele habe: Förderung von Haltungen der Toleranz, Achtung und Solidarität; Vermittlung von Wissen über Menschenrechte; und Entwicklung des Bewußtseins des einzelnen, wie und wodurch Menschenrechte in die soziale und politische Wirklichkeit übersetzt werden können. Die zweite Tagung fand 1987 in Malta statt und definierte Richtlinien für Menschenrechtserziehung auf internationaler, nationaler und regionaler Ebene; sie unterstrich die Notwendigkeit, ein umfassendes System von Menschenrechtserziehung und -unterricht unter breitestmöglicher Beteiligung öffentlicher Institutionen und der Medien zu schaffen.

Die dritte Konferenz fand im März 1993 in Montreal, Kanada, statt.[7] Diese Konferenz war die erste internationale Zusammenkunft nach dem Ende des Kalten Krieges, die den immanenten Zusammenhang zwischen Menschenrechten und Demokratie hervorhob. Der Welt-Aktionsplan für Menschenrechte und Demokratie, der von dieser Konferenz verabschiedet wurde, deklariert, daß Erziehung zu Demokratie ein integraler Bestandteil der Menschenrechtserziehung sei, die nicht nur eine Voraussetzung zur Durchsetzung von Menschenrechten, Demokratie und sozialer Gerechtigkeit darstellt, sondern ein eigenständiges Menschenrecht.

Die Bedeutung der Menschenrechtserziehung wurde in der Wiener Deklaration und im Aktionsplan unterstrichen, der einstimmig von den Vertretern der 171 Staaten bei der Weltkonferenz über Menschenrechte (Juni 1993) beschlossen wurde. Die Konferenz unterstrich erneut, daß die Achtung der Menschenrechte ein unverzichtbares Element jeder echten Demokratie darstellt; sie sprach sich vehement für das Konzept der Einheit und

Universalität der Menschenrechte aus. Ferner erklärte sie, daß alle Menschenrechte universell, unteilbar, voneinander abhängig und miteinander verbunden sind, und betonte, daß die internationale Gemeinschaft sich global mit den Menschenrechten zu befassen habe – auf faire und gleichberechtigte Weise, auf derselben Grundlage und mit derselben Bedeutung.[8]

Im Einklang mit den Empfehlungen der Wiener Konferenz wurde die UN-Dekade für Menschenrechtserziehung (1995-2004) proklamiert.[9] Die Koordination der Durchführung des Aktionsplans der Dekade wurde dem UN-Hochkommissar für Menschenrechte übertragen. Der Plan sieht vor, daß die UNESCO eine zentrale Rolle bei der Entwicklung, Durchführung und Evaluierung der darin enthaltenen Projekte spielen und dabei mit dem Hochkommissar und dem UN-Zentrum für Menschenrechte zusammenarbeiten solle.

In einem Memorandum der Zusammenarbeit, das im Oktober 1995 zwischen dem Generaldirektor der UNESCO und dem UN-Hochkommissar für Menschenrechte unterzeichnet wurde, ist eine enge Kooperation bei der Durchführung der Aktivitäten für Menschenrechts- und Demokratieerziehung vorgesehen.

Langfristiges Ziel der UNESCO ist die Schaffung eines umfassenden Systems für Erziehung zu Menschenrechten, Demokratie und Frieden, das alle Schulebenen erreichen und allen Menschen zugänglich sein soll. Das heißt, das System soll nicht nur die Schulbildung, sondern auch außerschulische und Erwachsenenbildungseinrichtungen umfassen.

Die UNESCO konzentriert sich dabei auf folgendes: die Unterstützung von Mitgliedstaaten bei der Erarbeitung von nationalen Strategien für Menschenrechtserziehung und auf die Erarbeitung und Verbreitung von Lehrmaterialien und Lehrplänen. Besonderes Augenmerk wird dabei der Einrichtung von Netzen im Bereich von Menschenrechts- und Demokratieerziehung gewidmet, insbesondere dem Programm der Assoziierten Schulen[10] und den UNESCO-Lehrstühlen, die in allen Teilen der Welt an universitären Einrichtungen errichtet wurden.

Das Endziel all dieser Aktivitäten ist die Schaffung einer Kultur, in deren Mittelpunkt die Achtung der Grundwerte von Menschenrechten und Demokratie und die Bereitschaft dazu steht, diese im täglichen Leben zu verteidigen. Das setzt die Ausbildung bestimmter Verhaltensmuster voraus. Eine solche Kultur der Menschenrechte und Demokratie kann nur durch die vereinten Bemühungen von Lehrern, Familien, der Massenmedien sowie von zwischenstaatlichen und nichtstaatlichen Organisationen geschaffen werden, also durch Mitarbeit aller in der Gesellschaft tätigen Menschen, sprich der Gesellschaft insgesamt.

Seit ihren Anfängen hat die UNESCO Lehrmaterialien über Menschenrechte für alle Bildungsebenen, aber auch für die breite Öffentlichkeit und für Aktivisten und nichtstaatliche Organisationen bereitgestellt, die für die Förderung der Menschenrechte tätig sind.[11] Die erste Ausgabe von „Menschenrechte. Fragen und Antworten" von Leah Levin, einer angesehenen britischen Menschenrechtsexpertin, illustriert von Plantu, einem bekannten französischen Zeichner politischer Cartoons, erschien 1981. Die Publikation hat sich als wertvolles Lehrmittel über Menschenrechte erwiesen und wurde in 15 Sprachen übersetzt.[12]

Seit dem Erscheinen der ersten englischen Ausgabe[13] haben wichtige Ereignisse in der Welt stattgefunden. Mit dem Ende der Ost-West-Konfrontation ist an die Stelle von ideologischen Auseinandersetzungen über das grundsätzliche Konzept und über die Prioritäten zwischen den verschiedenen Kategorien von Menschenrechten ein allgemeines Einverständnis über die vitale Bedeutung der Einhaltung aller Menschenrechte zur Aufrechterhaltung des internationalen Friedens und der Sicherheit getreten. Zahlreiche Nationen stimmen heute darin überein, daß staatliche Souveränität nicht als Vorwand dazu dienen dürfe, die Verletzung von Menschenrechten und Grundfreiheiten außerhalb ihrer Verantwortung zu sehen. Die Bandbreite nationaler Gesetzgebung verringert sich dadurch, und der Grundsatz der Nichteinmischung und des Nichteingreifens wird heute flexibler interpretiert. Daraus ergaben sich neue Möglichkeiten, die Effizienz internationaler Kontrollmechanismen zu steigern. Achtung der Menschenrechte gilt als wichtiger Faktor in den bilateralen und multilateralen Beziehungen. Demokratisierungsprozesse in vielen Teilen der Welt haben die Bedeutung der Menschenrechte sehr wesentlich verstärkt, deren Durchsetzung weitgehend als ein wesentliches Kriterium gilt, die Einhaltung demokratischer Werte zu bestimmen.

Darüber hinaus wurde eine Reihe neuer Menschenrechtsinstrumente angenommen und neue Staaten, die nach dem Ende des Kalten Krieges entstanden, haben die Menschenrechtspakte und -konventionen ratifiziert. Mehrere bedeutende Weltkonferenzen zum Thema Menschenrechte haben stattgefunden. In Südafrika wurde das Apartheid-System abgeschafft, und eine demokratische Gesellschaft ist dort im Aufbau.

Angesichts all dieser Ereignisse erkannte man die Notwendigkeit, eine neue Ausgabe der Publikation „Human Rights: Questions and Answers" zu erarbeiten, und Leah Levin wurde auch diesmal mit der Aufgabe betraut.

Auch wenn diese Publikation sehr wesentlich revidiert, ergänzt und auf den neuesten Stand gebracht wurde, so behält sie doch die Grundstruktur der Originalausgabe bei. Im ersten Teil des Buches werden Spektrum und Bedeutung der internationalen Menschenrechts-Gesetzgebung erläutert. Besondere Beachtung gilt dabei der Entwicklung von Verfahrensweisen zum Schutz der Menschenrechte und der Bedeutung der Menschenrechtserziehung. Im zweiten Teil werden Sinn und Inhalt jedes einzelnen Artikels der Allgemeinen Erklärung der Menschenrechte erklärt.

Plantu hat der Illustration der Neuausgabe zugestimmt, und wir sind ihm zu großem Dank verpflichtet, daß er das Bild in den Dienst der Menschenrechtserziehung gestellt hat.

Dieses Büchlein ist in der Tat das Ergebnis einer Zusammenarbeit mehrerer Organisationen und Personen. Die Abteilung für Menschenrechte, Demokratie und Frieden der UNESCO möchte sich an dieser Stelle bei allen internationalen Organisationen bedanken, die an der Erarbeitung des Manuskripts mitgewirkt haben, besonders beim UN-Zentrum für Menschenrechte, der Internationalen Arbeitsorganisation, dem Büro des UN-Hochkommissars für das Flüchtlingswesen, dem Internationalen Komitee vom Roten Kreuz, dem Europarat, der Organisation für Afrikanische Einheit, der Organisation Amerikanischer Staaten und der Organisation für Sicherheit und Zusammenarbeit in Europa.

Die Abteilung möchte auch den Mitarbeitern des Zentrums für Menschenrechte der Universität Essex (Vereinigtes Königreich) und dem Wissenschafter Ceri Sheppard danken, der Leah Levin bei der Erarbeitung des Manuskripts unterstützt hat. Auf Wunsch der Autorin sei auch der Schwedischen Internationalen Entwicklungs-Agentur für die beachtliche Unterstützung der notwendigen Forschungsarbeit gedankt. Der Beitrag von Sheila Bennett und Gabriele Bruns zur Erstellung des druckfertigen Textes darf auch nicht unerwähnt bleiben.

Wir hoffen, daß dieses Buch zum besseren Verständnis der Menschenrechtsnormen und -prozeduren beitragen und so die Erreichung der Ziele der UN-Dekade für Menschenrechtserziehung erleichtern wird.

Janusz Symonides, Direktor
Vladimir Volodin, Programmspezialist
Abteilung für Menschenrechte, Demokratie und Frieden

TEIL I

INTERNATIONALER MENSCHENRECHTSSCHUTZ

Fragen und Antworten

ALSO, DA GIBT ES: "WAFFEN" "WEHRMACHT" "WETTRÜSTEN" "WÜRGEN" ...
...ABER DAS WORT "WÜRDE" KANN ICH NICHT FINDEN
WÖRTER-BUCH
PLONTU

1. *Was versteht man unter Menschenrechten?*

Alle Menschen sind frei und gleich an Würde und Rechten geboren. Das sind moralische Ansprüche, auf die alle Menschen aufgrund ihres Menschseins ein unveräußerliches und inhärentes Recht besitzen. Diese Ansprüche sind in den sogenannten Menschenrechten artikuliert und formuliert und sind in juristische Rechte übersetzt, die auf innerstaatlicher und internationaler Ebene, im Einklang mit der Verfassung der Gesellschaft, stehen. Rechtsbasis bildet die Zustimmung der Regierten, das heißt, die Zustimmung der Subjekte dieser Rechte.

2. *Ist dieses Konzept allgemein anerkannt?*

Die Werte von Würde und Gleichberechtigung aller Mitglieder der menschlichen Rasse finden sich – wie auch viele andere Grundprinzipien, die den Menschenrechten zugrunde liegen, – in fast allen Kulturen und Zivilisationen, Religionen und philosophischen Traditionen.[1*]

3. *Wie spiegeln sich diese Werte in der Praxis wider?*

Zu allen Zeiten und auch heute noch wurden und werden menschliches Leben und menschliche Würde mißachtet und verletzt. Dennoch reicht die Vorstellung einheitlicher Regeln für alle Bürger viele Jahrhunderte zurück. Das sogenannte Naturrecht setzt ein Ordnungskonzept voraus, dem das Leben der Gemeinschaft folgt. Das Prinzip der Gleichheit an Rechten (siehe auch Teil II, Artikel 1), das im Naturrecht anerkannt ist, galt lange Zeit in vielen Gesellschaften. Und trotzdem gibt es auch heute noch Diskriminierung aufgrund von Ignoranz, Vorurteilen und irrigen Doktrinen, die versuchen, Ungleichheit zu begründen. Mittels solcher Doktrinen rechtfertigte man Sklaverei und Diskriminierung aus Gründen des Geschlechts, der Rasse, Hautfarbe, Herkunft, der

1* Siehe Anmerkungen am Ende des Buches

nationalen oder ethnischen Abstammung, religiöser Überzeugung oder Diskriminierung auf der Grundlage von Klassen- oder Kastensystemen – dies zu allen Zeiten und bedauerlicherweise auch heute noch.

4. *Wie entwickelte sich die Idee des Menschenrechtsschutzes?*

Schritt für Schritt wurden die Ideen der Erarbeitung und des Schutzes der Rechte von Menschen in niedergeschriebene Normen überführt. Auf diesem Weg finden sich viele erwähnenswerte Meilensteine wie etwa die Magna Charta (1215), die Petition of Rights (1628) und die Bill of Rights (1689) in England. Im 18. Jahrhundert entwickelten sich die frühen Ideen des Naturrechts zur Anerkennung der Naturrechte als Gesetzesrechte; diese wurden erstmals in nationale Verfassungen aufgenommen und stellten damit praktisch einen Vertrag zwischen dem Staat und seinen Bürgern dar; damit wurde unterstrichen, daß die Macht des Staates von der Zustimmung des freien Individuums ausgeht. Die Französische Erklärung der Menschen- und Bürgerrechte (1789) und die Amerikanische Bill of Rights (1791) beruhen auf dieser Annahme. Im 19. Jahrhundert machte eine Reihe unabhängiger Staaten sich dieses Prinzip zu eigen, Wirtschafts- und Sozialrechte wurden allmählich angenommen. Obwohl nun die Menschenrechte in den nationalen Verfassungen verankert waren, wurden sie fallweise durch Gesetze oder willkürliche Maßnahmen, aber auch durch informelle Mechanismen beschnitten, ja sogar außer Kraft gesetzt. Darüber hinaus werden Menschenrechte, obwohl sie den Status gesetzlich festgeschriebener Rechte genießen, durch Staaten selbst verletzt.

5. *Wie kam es zur Anerkennung der Notwendigkeit, den Schutz der Menschenrechte auf eine internationale Basis zu stellen?*

Die ersten internationalen Menschenrechtsverträge standen in Verbindung mit der Anerkennung der Religionsfreiheit (wie etwa die Westfälischen Friedensverträge von 1648) und der Abschaffung der Sklaverei. Schon 1815 hatte der Wiener Kongreß die Sklaverei verurteilt; in der 2. Hälfte des 19. Jahrhunderts entstand eine Reihe von internationalen Verträgen über die Abschaffung der Sklaverei (z.B. 1862 der Vertrag von Washington, Dokumente der Konferenzen von Brüssel – 1867 und 1890 – und Berlin, 1885). Ein weiteres Gebiet der internationalen Zusammenarbeit war die Erarbeitung von Kriegsgesetzen (wie z.B. die Deklaration von Paris, 1856, die Erste Genfer Konvention, 1864, und die Zweite Genfer Konvention von 1906, sowie die Haager Konventionen aus den Jahren 1899 und 1907). Die Schaffung des Internationalen Komitees vom Roten Kreuz im Jahr 1864 trug wesentlich zu diesen Entwicklungen bei.[2]

Seit dem Ende des ersten Weltkriegs setzte sich zunehmend die Überzeugung durch, daß Regierungen allein die Menschenrechte nicht sichern können, sondern daß es dazu internationaler Garantien bedarf. Wenngleich das Mandat des Völkerbundes, der ersten nach dem ersten Weltkrieg geschaffenen weltweiten zwischenstaatlichen Organisation, die Menschenrechte nicht ausdrücklich erwähnt, war der Völkerbund doch bestrebt, den Schutz der Menschenrechte durch internationale Instrumente voranzutreiben. Er blieb jedoch in seinen Bestrebungen um den Schutz von Minderheiten auf einige wenige Länder beschränkt.

Die Stellung der Industriearbeiter wurde zu Beginn des 20. Jahrhunderts gesetzlich geregelt. Sie blieb weiterhin Gegenstand internationaler Abkommen, die von der Internationalen Arbeitsorganisation (ILO) im Jahr 1919 entwickelt wurden. Die am 25. September 1926 in Genf unterzeichnete Internationale Konvention gegen Sklaverei stand am Ende eines langen Kampfes gegen die Sklaverei. Konventionen zum Schutz von Flüchtlingen wurden 1933 und 1938 angenommen. Trotz all dieser Bemühungen gelang es in der Zwischenkriegszeit nicht, internationalen Menschenrechtsschutz zu etablieren.

Die in den zwanziger und dreißiger Jahren entstandenen totalitären Regime verübten in ihren eigenen Staatsgebieten grobe Menschenrechtsverletzungen. Der zweite Weltkrieg brachte massive Mißachtung menschlichen Lebens und menschlicher Würde sowie Versuche, ganze Gruppen von Menschen wegen ihrer Rasse, Religion oder Nationalität zu eliminieren. So wurde klar, daß es

ALLGE-
MEINE
MEN-
SCHEN
RECHTE

internationaler Instrumente bedurfte, um die Menschenrechte zu kodifizieren und zu schützen, weil die Achtung dieser Rechte eine der wichtigsten Voraussetzungen für Frieden und Fortschritt in der Welt darstellt.

6. *Wie konnte das in der Praxis erreicht werden?*

Die am 26. Juni 1946 unterzeichnete Charta der Vereinten Nationen reflektierte und stärkte diese Überzeugung. Die Charta umschreibt das wesentliche Ziel der Organisation, nämlich:"...die Bewahrung künftiger Generationen vor der Geißel des Krieges" und die „Stärkung des Glaubens an fundamentale Menschenrechte, an Würde und Wert der menschlichen Person und an die gleichen Rechte von Männern und Frauen". Artikel 1 der Charta stellt fest, daß eine der Zielsetzungen der Vereinten Nationen darin zu sehen sei, internationale Zusammenarbeit bei der „Förderung und Stärkung der Achtung für die Menschenrechte und Grundfreiheiten für alle Menschen, unabhängig von Rasse, Geschlecht, Sprache oder Religion" zu gewährleisten – womit der Grundsatz der Nicht-Diskriminierung festgeschrieben wurde. Artikel 55 enthält eine ähnliche Zielsetzung, und in Artikel 56 verpflichten sich alle Mitgliedstaaten der Vereinten Nationen, „sowohl gemeinsame als auch individuelle Handlungen zu setzen, um in Zusammenarbeit mit der Organisation die in Artikel 55 festgelegten Ziele zu erreichen."

Die in der Charta enthaltenen Bestimmungen besitzen die Kraft des positiven Völkerrechts, weil die Charta ein Vertrag und damit ein rechtsverbindliches Dokument ist. Alle Mitgliedstaaten der Vereinten Nationen sind gehalten, den mit der Charta übernommenen Verpflichtungen getreulich nachzukommen; dazu zählt auch die Verpflichtung, die Achtung und Einhaltung der Menschenrechte zu fördern, und zwar in Zusammenarbeit mit den Vereinten Nationen und mit anderen Staaten. Die Charta spezifiziert aber nicht einzelne Menschenrechte und sieht auch keinen Mechanismus für ihre Durchsetzung in den Mitgliedstaaten vor.

7. Wie entstand der Internationale Menschenrechtsschutz?

Die Aufgabe, eine Internationale Menschenrechts-Charta zu schaffen, die die in der Charta der Vereinten Nationen angesprochenen Menschenrechte und Grundfreiheiten definieren sollte, wurde der 1945 eingerichteten UN-Menschenrechtskommission, einem Subsidiärorgan des Wirtschafts- und Sozialrats (ECOSOC), eines der wichtigsten Organe der Vereinten Nationen, übertragen. Ein bedeutender Schritt zur Erarbeitung der Internationalen Menschenrechts-Charta wurde am 10. Dezember 1948 vollzogen, als die Generalversammlung der Vereinten Nationen einstimmig[3] die Allgemeine Erklärung der Menschenrechte als eine „allen Völkern und Nationen gemeinsame Zielsetzung" annahm.

8. Welches sind die in der Allgemeinen Erklärung verkündeten Rechte?

Man kann diese Rechte ganz grob in zwei Arten von Rechten einteilen. Die erste Gruppe beinhaltet die bürgerlichen und politischen Rechte – dazu zählen das Recht auf Leben, Freiheit, Sicherheit der Person; die Freiheit von Sklaverei und Folter; die Gleichheit vor dem Gesetz; der Schutz gegen willkürliche Verhaftung, Anhaltung oder Exil; das Recht auf ein faires Gerichtsverfahren; das Recht auf Besitz; Teilnahme am politischen Leben; das Recht auf Heirat; die Grundfreiheiten der Meinung, des Ausdrucks, der Gedanken, des Gewissens und der Religion sowie das Recht auf Vereins- und Versammlungsfreiheit; weiters das Recht auf Teilnahme an der Regierung des Landes, sei es direkt oder durch frei gewählte Vertreter. Die zweite Gruppe umfaßt die wirtschaftlichen, sozialen und kulturellen Rechte, unter anderem: das Recht auf Arbeit; auf gleichen Lohn für gleiche Arbeit; das Recht, Gewerkschaften zu gründen und ihnen anzugehören; das Recht auf angemessenen Lebensstandard; das Recht auf Bildung und das Recht auf freie Teilnahme am kulturellen Leben.

Der 1. Artikel der Erklärung bringt die Universalität der Rechte im Hinblick auf die Gleichheit der Menschenwürde zum Ausdruck, der 2. Artikel betont den Anspruch aller Menschen auf die angeführten Rechte, ohne Unterschied irgendwelcher Art. Das den in der Erklärung enthaltenen Rechten zugrundeliegende Prinzip ist in der Präambel enthalten, die damit beginnt, daß die „allen Mitgliedern der menschlichen Familie innewohnende Würde und ihre gleichen und unveräußerlichen Rechte" anerkannt werden. Der zweite Teil der vorliegenden Publikation erläutert die Bedeutung jedes einzelnen Artikels der Allgemeinen Erklärung der Menschenrechte.

9. *Wie steht es um die Anerkennung der Allgemeinen Erklärung der Menschenrechte durch Staaten, die damals noch nicht Mitglieder der Vereinten Nationen waren?*

Auch wenn die Allgemeine Erklärung der Menschenrechte nicht rechtsverbindlich ist, so wurden im Laufe der Jahre ihren Hauptgrundsätzen der Status von Normen zuerkannt, die von allen Staaten eingehalten werden sollten. Zum Zeitpunkt der Annahme der Erklärung hatten die Vereinten Nationen nur 58 Mitgliedstaaten. Seither hat sich diese Zahl mehr als verdreifacht.[4] Daß die Erklärung weltweit interpretiert und angewendet wurde, beweist, daß sie in allen Ländern zu einer Bezugsnorm in Menschenrechtsangelegenheiten geworden ist.

Zusammen mit der UN-Charta diente die Allgemeine Erklärung als Mittel für Millionen unter Kolonialherrschaft lebender Menschen, in den fünfziger und sechziger Jahren Selbstbestimmung zu erlangen; viele der neuen Staaten nahmen die Bestimmungen der Erklärung in ihre Verfassungen auf.

Die internationale Gemeinschaft stellte im Jahr 1968 anläßlich der Teheraner Konferenz über Menschenrechte übereinstimmend fest, daß die Allgemeine Erklärung „eine allgemeine Anerkennung aller Völker der Welt im Hinblick auf die unveräußerlichen Rechte aller Mitglieder der menschlichen Familie enthält und allen Mitgliedern der internationalen Gemeinschaft eine entsprechende Verpflichtung auferlegt".[5] 25 Jahre später bestätigten die 171 an der Welt-Menschenrechtskonferenz für Menschenrechte (Wien/Österreich, 14.–25. Juni 1993) teilnehmenden Staaten, daß die Allgemeine Erklärung „für alle Völker und Nationen einen

gemeinsamen Erfolgs-Standard darstelle“[6] und daß es „die Pflicht aller Staaten, unabhängig von ihren politischen, wirtschaftlichen und kulturellen Systemen [sei], alle Menschenrechte und Grundfreiheiten zu fördern und zu schützen“.[7]

10. Welche anderen Instrumente sind Teil der Internationalen Menschenrechts-Charta?

Die Allgemeine Erklärung der Menschenrechte war der erste Teil eines Gesamtkonzepts; die Fertigstellung der anderen Teile, die den Inhalt der in der Erklärung enthaltenen Bestimmungen ausarbeiten sollten, dauerte viele Jahre. Am 16. Dezember 1966 beschloß die Generalversammlung der Vereinten Nationen zwei Pakte – den Internationalen Pakt über wirtschaftliche, soziale und kulturelle Rechte (ICESCR) und den Internationalen Pakt über bürgerliche und politische Rechte (ICCPR) sowie ein Fakultativprotokoll zum ICCPR, das ein Beschwerderecht von Einzelpersonen bei Verletzungen ihrer in den Pakten festgeschriebenen Rechte vorsieht. Durch die Ratifizierung dieser Instrumente einigte sich die internationale Gemeinschaft nicht nur auf den Inhalt der in der Allgemeinen Erklärung enthaltenen Rechte, sondern auch auf Maßnahmen zu deren Durchsetzung. Ein weiterer Fortschritt war die Beschlußfassung des Zweiten Fakultativprotokolls zum ICCPR im Dezember 1989 durch die Generalversammlung der Vereinten Nationen, das die Abschaffung der Todesstrafe zum Ziel hat.

Die Resolution der Generalversammlung aus dem Jahr 1950, die besagte, daß „die freie Ausübung bürgerlicher und politischer sowie wirtschaftlicher, sozialer und kultureller Rechte miteinander verbunden und wechselseitig voneinander abhängig sind“, wurde durch die Annahme dieser beiden Pakte bestätigt.

11. *Wodurch unterscheiden sich die Internationalen Pakte von der Allgemeinen Erklärung?*

Im Gegensatz zur Allgemeinen Erklärung sind die Pakte rechtlich verbindliche Verträge für die Staaten, die sie ratifiziert und sich damit verpflichtet haben, die Modalitäten ihrer Durchsetzung zu beachten; dazu gehört auch die Verpflichtung zur Vorlage periodischer Berichte über die Einhaltung der aus den Pakten erwachsenden Verbindlichkeiten. Beide Pakte traten 1976 in Kraft. Seither haben rund 130 Staaten ICESCR und ICCPR ratifiziert.[8] Das Erste Fakultativprotokoll trat ebenfalls 1976 in Kraft und wurde bisher von rund 90 Staaten ratifiziert.[9] Das 1991 in Kraft getretene Zweite Fakultativprotokoll wurde bisher von rund 30 Staaten ratifiziert.[10]

12. *Welche Rechte schützt der Internationale Pakt über Bürgerliche und Politische Rechte (ICCPR)?*

Dieser Pakt detailliert die in der Allgemeinen Erklärung aufgelisteten politischen und bürgerlichen Rechte wie u.a. das Recht auf Leben, auf Privatheit, auf ein faires Gerichtsverfahren, auf freien Ausdruck, auf Religionsfreiheit, auf Freiheit von Folter und auf Gleichheit vor dem Gesetz.

Manche dieser Rechte können in Zeiten „öffentlichen Notstands, der den Fortbestand der Nation bedroht“, vorübergehend aufgehoben werden, vorausgesetzt, daß dies nicht zu Diskriminierungen aufgrund von Rasse, Hautfarbe, Geschlecht, Religion oder sozialer Herkunft führt. Wenn ein Land beabsichtigt, auf diese Weise „auszusteigen“, muß es umgehend den Generalsekretär der Vereinten Nationen in Kenntnis setzen. Solchermaßen erklärte Notstände führen bedauerlicherweise häufig zu massiven Menschenrechtsverletzungen. Unter keinen Umständen, weder im Frieden noch in Kriegszeiten, dürfen die folgenden im Pakt enthaltenen Rechte aufgehoben werden: das Recht auf Leben, auf Gedanken-, Gewissens- und Religionsfreiheit, das Recht, wegen Nichterfüllung einer vertraglich eingegangenen Verpflichtung nicht inhaftiert zu werden, und das Recht, nicht für ein Verbrechen für schuldig befunden zu werden, das zum Zeitpunkt, zu dem es begangen wurde, kein strafrechtliches Delikt dargestellt hat.

13. Welche Mittel sind zur Durchsetzung des ICCPR vorgesehen?

Artikel 28 des Paktes sieht die Einrichtung eines Menschenrechtskomitees vor, das aus 18 unabhängigen Fachleuten besteht, die von den Vertragsstaaten des Paktes in persönlicher Eigenschaft nominiert und gewählt werden – das heißt, sie dürfen nicht im Auftrag ihres Staates handeln. Das Menschenrechtskomitee hat verschiedene Möglichkeiten, die Einhaltung der Bestimmungen des Paktes zu überwachen.

Das Komitee überprüft (gemäß Artikel 40) die periodischen Berichte über die Einhaltung des Paktes. Die Überprüfung der Berichte erfolgt öffentlich und in Anwesenheit eines Vertreters des betroffenen Staates, der dazu befragt werden kann. Nach Fertigstellung der Länderberichte verfaßt das Komitee Schlußfolgerungen, die die wichtigsten Diskussionspunkte, aber auch Anregungen und Vorschläge an die betroffene Regierung enthalten, wie der Pakt besser anzuwenden wäre.

Das Komitee kann sich auch mit Beschwerden eines Staates gegen einen anderen befassen, vorausgesetzt, beide haben eine Erklärung abgegeben, durch die sie (unter Artikel 41) diese Funktion des Komitees anerkannt haben. Bisher sind keine Beschwerden dieser Art eingegangen.

Das Menschenrechtskomitee interpretiert in seinen „Allgemeinen Kommentaren“ auch Inhalt und Bedeutung bestimmter

GEFÄHRLICHE FEIND-WAFFEN
?
PLONTA

Artikel des Paktes. Dies stellt die Jurisprudenz des Paktes dar und bieten Vertragsstaaten Richtlinien für die Einhaltung ihrer unter dem Pakt eingegangenen Verpflichtungen und für die Abfassung der Länderberichte.

Das Komitee legt im Wege des Wirtschafts- und Sozialrates (ECOSOC) der Generalversammlung der Vereinten Nationen jährliche Berichte vor.

14. Welche Wirksamkeit besitzen diese Berichte?

Da der Schutz der Menschenrechte davon abhängt, ob sie auf nationaler Ebene beachtet werden, sind die Einflußmöglichkeiten des Komitees, das ja über seine Kommentare hinaus keine Mittel zur Hand hat, beschränkt. Man kann jedoch sagen, daß sich aus der Überprüfung der Berichte in der Öffentlichkeit ein gewisser Überzeugungswert ergibt, da die Regierungen im allgemeinen auf öffentliche Kritik an ihrer Handhabung der Menschenrechte ziemlich empfindlich reagieren. Hauptzielsetzung des Komitees ist es darüber hinaus, einen konstruktiven Dialog mit den berichtenden Staaten herzustellen und sie dadurch zu ermutigen, die Bestimmungen des Paktes einzuhalten.

Berichtende Staaten werden aufgerufen, den Text der Pakte in der Öffentlichkeit bekanntzumachen, ihn in die wichtigsten nationalen Sprachen zu übersetzen und den zuständigen Verwaltungs- und Justizbehörden zur Kenntnis zu bringen.

15. Kann das Menschenrechtskomitee Beschwerden von Einzelpersonen behandeln?

In Übereinstimmung mit den Vorkehrungen des Fakultativprotokolls zu ICCPR kann das Komitee Beschwerden von Einzelpersonen über vermeintliche Verletzungen ihrer im Pakt verankerten Rechte entgegennehmen, vorausgesetzt, daß der betroffene Staat dieses Protokoll ratifiziert hat. Beschwerden sind schriftlich beim Komitee einzubringen. Es gibt auch die Möglichkeit, daß Opfer durch andere Personen vertreten werden, wenn der

Betroffene nicht in der Lage ist, sich persönlich an das Komitee zu wenden.

Das Komitee überprüft einen Fall zunächst auf seine Zulässigkeit und hierauf auf die Behandlungswürdigkeit; dies geschieht in geschlossener Sitzung, das heißt ausschließlich in Gegenwart der Kommissionsmitglieder. Um die Zulässigkeit festzustellen, darf die Beschwerde nicht anonym sein, sie darf den Vorgang nicht mißbräuchlich in Bewegung setzen, bei keinem anderen internationalen Gremium anhängig sein; und schließlich muß der Beschwerdeführer alle verfügbaren nationalen Instanzen ausgeschöpft haben.

Nach der vertraulichen Untersuchung der Mitteilung ist das Komitee ermächtigt, für zulässig befundene Beschwerden dem betroffenen Vertragsstaat zur Kenntnis zu bringen. Der Staat wiederum ist verpflichtet, innerhalb von sechs Monaten dem Komitee eine schriftliche Erklärung der Angelegenheit und möglicher Maßnahmen, die er ergriffen hat, vorzulegen. Das Komitee berücksichtigt alle ihm vom ursprünglichen Autor der Mitteilung, vom vermeintlichen Opfer und vom betroffenen Staat zur Verfügung gestellten schriftlichen Informationen. Das Komitee erarbeitet „Auffassungen" über die Behandlungswürdigkeit des Falles, die sowohl dem betroffenen Vertragsstaat als auch dem Einschreiter zur Verfügung gestellt werden, in der Hoffnung, daß der Staat darauf reagieren wird. Das Komitee veröffentlicht seine Beschlüsse und Auffassungen.

16. Schenken die Staaten den „Auffassungen" des Komitees Beachtung?

Das Menschenrechtskomitee bringt seine „Auffassungen" in Form von Rechtsurteilen zum Ausdruck, es gibt jedoch keine Durchsetzungsmaßnahmen. Für die Beachtung der Urteile sind also ausschließlich die Staaten verantwortlich. Staaten befolgen diese „Auffassungen" aus den unterschiedlichsten Gründen; einer davon ist zweifellos der ehrliche Wille, die Bestimmungen des Pakts zu erfüllen und ihr internationales Image zu verbessern.

Nicht immer wird der Spruch vollständig, sondern oft nur sehr

zögerlich beachtet. In einem Fall gegen die Niederlande fand das Komitee eine Verletzung, die von den Niederlanden nicht als solche anerkannt wurde; „aus Achtung für das Komitee“ leistete das Land aber eine freiwillige Zahlung an den Beschwerdeführer.

Es gibt jedoch zahlreiche Beispiele dafür, daß sich Vertragsstaaten den „Auffassungen“ des Komitees vollinhaltlich anschließen. So revidierte Finnland sein Ausländergesetz, um die Maßnahmen für die Anhaltung von Ausländern mit dem Pakt kompatibel zu machen, wie es das Komitee in seinen „Auffassungen“ angeregt hatte. Darüber hinaus erhielt das Opfer eine finanzielle Entschädigung. In ähnlicher Weise änderte Mauritius als Reaktion auf „Auffassungen“ des Komitees seine Gesetzeslage und anerkannte damit die Beschwerden einiger Frauen aus Mauritius, wonach sich die Regierung in ihre Familien eingemischt und Diskriminierungen aufgrund des Geschlechts vorgenommen habe. Andere positive Reaktionen auf „Auffassungen“ des Komitees kamen von einer Reihe von Ländern, darunter Kanada, Kolumbien, Ekuador, Peru sowie Trinidad und Tobago.

Um die Anerkennung seiner „Auffassungen“ zu verbessern, hat das Komitee einen Sonderberichterstatter mit der Aufgabe betraut, von Vertragsstaaten schriftliche Informationen über die Erfüllung der „Auffassungen“ des Komitees anzufordern.

17. Welche Rechte werden vom Internationalen Pakt über wirtschaftliche, soziale und kulturelle Rechte (ICESCR) geschützt?

Zu den im Pakt anerkannten Rechten zählen: das Recht auf Arbeit; auf günstige Arbeitsbedingungen und auf gleichen Lohn für gleiche Arbeit; auf Einrichtung von Gewerkschaften und Mitarbeit in ihnen; auf soziale Sicherheit; auf angemessenen Lebensstandard (einschließlich Nahrung, Bekleidung und Wohnung); auf Schutz der Familie; auf höchstmöglichen Standard körperlicher und geistiger Gesundheit; auf Bildung und auf Teilnahme am kulturellen Leben. Jeder Vertragsstaat des Paktes verpflichtet sich, „Schritte zu unternehmen ... unter maximaler Ausnutzung ihrer verfügbaren Ressourcen, mit dem Ziel, Schritt für Schritt die volle Durchführung der in Pakt anerkannten Rechte" zu erreichen. Keines der im Pakt verankerten Rechte darf aufgehoben werden.

18. Welche Mittel sind zur Durchführung des ICESCR vorgesehen?

Die Körperschaft, die die Durchführung des Paktes überwacht, ist das Komitee für Wirtschaftliche, Soziale und Kulturelle Rechte, das 1985 von ECOSOC eingerichtet wurde. Es setzt sich aus 18 unabhängigen, von den Vertragsstaaten nominierten und gewählten Experten zusammen, die ihre Funktion in persönlicher Eigenschaft ausüben.

Das Komitee prüft die in periodischen Abständen von den Vertragsstaaten vorgelegten Berichte über die ergriffenen Maßnahmen und den Fortschritt, der bei der Erfüllung der Verpflichtungen unter dem Pakt erzielt wurde. Vertreter der Vertragssataaten sind berechtigt, anwesend zu sein, wenn das Komitee den Bericht prüft; sie nehmen an einem konstruktiven Dialog teil. Das Komitee berücksichtigt auch einschlägige Informationen von den Sonderorganisationen der Vereinten Nationen aus ihren Fachbereichen und lädt nichtstaatliche Organisationen zu schriftlichen und mündlichen Stellungnahmen ein. Wenn ein Staat der Aufforderung zur Vorlage von Follow-up Informationen nicht nach-

GESTERN HATTE ICH EINEN ALPTRAUM!... ICH TRÄUMTE, DASS SIE WÄHLEN WERDEN!

kommt, kann das Komitee vom Vertragsstaat die Zulassung einer Mission von ein oder zwei Mitgliedern verlangen, die dem Staat dabei behilflich sein soll, die Bedingungen zu erfüllen und die Notwendigkeit von technischen und beratenden Hilfsdiensten anzuerkennen.

Das Komitee berichtet ECOSOC jährlich über seine Beurteilung der Länderberichte und präsentiert zusammenfassende Schlußfolgerungen. Letztere widerspiegeln die wichtigsten Diskussionspunkte, identifizieren positive Aspekte sowie die wichtigsten Kritikpunkte, Faktoren und Schwierigkeiten bei der Durchführung des Paktes und geben Anregungen und Empfehlungen. Diese Schlußfolgerungen sind eine wichtige Informationsquelle für die Öffentlichkeit.

Es gibt kein Verfahren, das individuelle oder zwischenstaatliche Beschwerden zuläßt.

19. Wie werden Vertragsstaaten bei der Durchführung des Paktes unterstützt?

Über Einladung von ECOSOC bereitet das Komitee „Allgemeine Kommentare“ über die verschiedenen Artikel und Vorkehrungen des ICESCR vor, mit dem Ziel, die Vertragsstaaten bei der Erfüllung ihrer Berichtspflicht zu unterstützen und Schritt für Schritt die im Pakt anerkannten Rechte vollinhaltlich umzusetzen. In seinem dritten „Allgemeinen Kommentar“ spezifizierte das Komitee zwei Bestimmungen des Paktes, zu denen die Vertragsstaaten unverzüglich Maßnahmen ergreifen müssen. Es handelt sich dabei um die Nicht-Diskriminierungs-Bestimmungen und um die Verpflichtung, „Schritte zu unternehmen“, die „gezielt, konkret und möglichst klar auf die Einhaltung der in dem Pakt enthaltenen Verpflichtungen ausgerichtet“ sein müssen. Das Komitee stellt in diesem Kommentar auch fest, daß alle Vertragsstaaten verpflichtet sind, „zumindest die wesentlichsten Ebenen aller im Pakt enthaltenen Rechte zu gewährleisten“. Einzige Ausnahme: wenn ein Staat beweisen kann, daß er aufgrund mangelnder Ressourcen nicht in der Lage ist zu handeln.

Andere „Allgemeine Kommentare“ haben sich mit Problemen

wie dem Recht auf angemessenen Wohnraum und internationale Hilfsmaßnahmen in bezug auf den Pakt beschäftigt.

20. Hat das Komitee für Wirtschaftliche, Soziale und Kulturelle Rechte andere Maßnahmen ergriffen?

Das Komitee hält während jeder seiner Sitzungen einen Tag allgemeiner Diskussion über ein bestimmtes Recht oder einen bestimmten Aspekt des Paktes ab, wodurch ein besseres Verständnis für die anstehenden Fragen erzielt werden soll. Einige der behandelten Themen waren Ernährung, der Recht auf Wohnraum, die Rolle von sozialen und wirtschaftlichen Indikatoren, die Rechte von älteren und alten Menschen und das Recht auf Teilnahme am kulturellen Leben. Eine Zusammenfassung dieser Diskussionen erscheint im jährlichen Bericht des Komitees an ECOSOC.

21. Bedeutet die internationale Überprüfung der Einhaltung der Verpflichtungen in Menschenrechtsfragen eine Einmischung in die inneren Angelegenheiten eines Staates?

Der Staat gewährleistet und schützt die Menschenrechte; entsprechend dem den Beziehungen zwischen Staaten zugrundeliegenden Gewohnheitsrecht haben Regierungen grundsätzlich kein Recht, in die inneren Angelegenheiten eines anderen Staates einzugreifen. Lange Zeit wurden die Menschenrechte als interne Verantwortlichkeit der einzelnen Staaten verstanden. Dieses Verständnis geriet langsam ins Wanken, als man zu verstehen begann, daß Menschenrechtsverletzungen den Frieden und die Sicherheit in der Welt bedrohen. Im Jahr 1993 stellten die Wiener Deklaration und das Aktionsprogramm fest, daß „die Förderung und der Schutz aller Menschenrechte ein legitimes Anliegen der internationalen Gemeinschaft" seien (Artikel 4). Gleichermaßen bestätigte die Generalversammlung der Vereinten Nationen in Resolution 48/125 vom 20. Dezember 1993, Paragraphen 3 und 5 des operativen Teils, daß es eines „der Ziele der Vereinten Nationen und Aufgabe aller Mitgliedstaaten sei,... die Achtung der Menschenrechte und Grundfreiheiten zu fördern und wachsam zu sein gegenüber Menschenrechtsverletzungen, wo immer sie vorkommen". Sie bestätigte auch, daß „die Förderung, der Schutz und die volle Umsetzung aller Menschenrechte und Grundfreiheiten als legitime Anliegen der Weltgemeinschaft den Grundsätzen der Nicht-Selektivität, der Unvoreingenommenheit und der Objektivität zu unterliegen hätten".

Im allgemeinen reagieren Staaten auf die Überwachung ihrer Menschenrechtssituation sehr empfindlich und defensiv und berufen sich dabei auf Artikel 2 (7) der Charta der Vereinten Nationen, der fordert, daß sich die Vereinten Nationen „nicht in Angelegenheiten einzumischen haben, die grundsätzlich in die interne Gesetzgebung der einzelnen Staaten fallen". In zunehmendem Maße jedoch wird ein solches Verhalten als der Versuch erkannt, die Verpflichtungen unter dem Völkerrecht nicht einzuhalten; ein solches Verhalten kann auch nicht verhindern, daß Menschenrechtsfragen innerhalb des Systems der Vereinten Nationen diskutiert werden. Dazu kommt, daß die Charta der Vereinten Nationen anerkennt, daß Friede und Stabilität zwischen den Völkern in engem Zusammenhang mit der Anerkennung und

Achtung der Menschenrechte stehen; sie versucht, Bedingungen zu schaffen, unter denen sowohl Friede als auch Menschenrechte, einschließlich der sozialen und wirtschaftlichen Entwicklung aller Völker, erlangt werden können.

22. *Gibt es neben der Internationalen Menschenrechts-Charta noch andere wichtige UN-Instrumente?*

Es gibt eine große Anzahl von Deklarationen, Empfehlungen und Konventionen, die von der Generalversammlung und anderen gesetzgebenden Körperschaften der Vereinten Nationen erarbeitet wurden. Sie befassen sich mit spezifischen Verpflichtungen und Schutzmaßnahmen bestimmter, in der Allgemeinen Erklärung und in den Internationalen Pakten enthaltenen Menschenrechte, bestätigen aber auch bestimmte Rechte, die in der Internationalen Menschenrechts-Charta nicht gesondert aufgezählt sind. Die Deklarationen und Empfehlungen richten sich für gewöhnlich an alle Mitgliedstaaten der Vereinten Nationen, haben jedoch nicht den gleichen rechtlich verbindlichen Charakter wie Konventionen, die für jene Staaten verbindlich sind, die sie ratifiziert haben.

Es werden alle erdenklichen Bemühungen unternommen, um Staaten dazu zu bringen, internationale Standards einzuhalten, internationale Menschenrechtsverträge zu ratifizieren oder ihnen beizutreten und diese in die nationale Gesetzgebung einfließen zu lassen. Diese Standards bilden eine normative Grundlage für die Stärkung der Demokratie.

Zu den internationalen Instrumenten gehören auch jene über das Recht auf Leben, die Vermeidung von Diskriminierung und die Rechte von Angehörigen von Minderheiten, ebenso wie die Rechte von eingeborenen Völkern, Kriegsopfern und Flüchtlingen, die im folgenden diskutiert werden. Weiters gehören hierher: die Konvention gegen Folter und andere grausame, unmenschliche oder erniedrigende Behandlung oder Bestrafung (siehe auch Teil II, Artikel 5), die Konvention über die Rechte des Kindes (siehe auch Frage 33) und die Konvention über den Flüchtlingsstatus und das zugehörige Protokoll (siehe auch Frage 45).

23. Welche Maßnahmen wurden zur Verhinderung des Völkermords ergriffen?

Im Dezember 1948 beschloß die Generalversammlung der Vereinten Nationen die Annahme der Konvention zum Schutz und zur Bestrafung des Verbrechens des Völkermords. Sie trat 1951 in Kraft und wurde seither von rund 120 Staaten ratifiziert.[11] Der Begriff Völkermord wird in der Konvention als das Setzen gewisser Akte definiert, „die die teilweise oder totale Zerstörung einer nationalen, ethnischen, rassischen oder religiösen Gruppen zum Ziel haben." Im Völkerrecht wird der Völkermord als Verbrechen definiert, egal, ob er in Kriegs- oder in Friedenszeiten begangen wird.

Artikel 6 der Konvention enthält Vorkehrungen für Personen, die zum Vorwurf des Völkermords entweder vor einem zuständigen Gericht in dem Staat angeklagt sind, in dem die Tat begangen wurde, oder vor einem internationalen Gerichtshof, der von den Vertragsstaaten der Konvention als zuständig anerkannt wurde.

24. Welche Fortschritte gab es im Hinblick auf den Grundsatz, Diskriminierung zu vermeiden?

Der fundamentale Grundsatz der Nicht-Diskriminierung ist in Artikel I der Charta der Vereinten Nationen enthalten (siehe Frage 6) und in der Internationalen Menschenrechts-Charta und allen anderen wichtigen Menschenrechtsinstrumenten reflektiert. Zwei spezifische Instrumente in diesem Bereich behandeln rassische Diskriminierung und Diskriminierung von Frauen.

25. Welche Maßnahmen wurden zur Bekämpfung der rassischen Diskriminierung gesetzt?

Das Internationale Übereinkommen über die Beseitigung aller Formen rassischer Diskriminierung trat im Jahr 1969 in Kraft und wurde bisher von 140 Staaten ratifiziert.[12] Es stellt die umfassendste Meinungsäußerung der Vereinten Nationen zu Fragen der

Diskriminierung aufgrund von Rasse, Hautfarbe oder ethnischer Herkunft dar. Die Unterzeichnerstaaten verpflichten sich, eine Politik der Beseitigung von rassischer Diskriminierung in allen ihren Erscheinungsformen zu verfolgen, den Schutz bestimmter rassischer Gruppen zu gewährleisten und ihren Mitgliedern volle und gleichberechtigte Ausübung der Menschenrechte und Grundfreiheiten zu sichern.

26. Wie wird die Internationale Konvention zur Beseitigung aller Formen rassischer Diskriminierung durchgesetzt?

Ein Sonderkomitee zur Beseitigung rassischer Diskriminierung (CERD) wurde im Rahmen der Konvention eingerichtet, um die Einhaltung der Bestimmungen durch die Regierungen der Unterzeichnerstaaten zu überwachen. Das Komitee hat mehrere Aufgaben. Die wichtigste ist die Überprüfung der Berichte der Mitgliedsstaaten über die von ihnen ergriffenen Maßnahmen zur Durchführung der Konvention. Regierungen sind bei der Überprüfung ihrer Berichte anwesend, und das Komitee verfolgt eine Strategie des informellen Dialogs, um Regierungen zur Einhaltung ihrer Verpflichtungen zu ermutigen. In seinem Abschlußbericht macht das Komitee zusammenfassende Bemerkungen zu den einzelnen Länderberichten, der auch Anregungen und Empfehlungen für die effizientere Umsetzung enthält. Manche Staaten haben diese Vorschläge berücksichtigt, indem sie ihre Verfassungen und nationalen Gesetze dahingehend revidiert haben, daß rassische Diskriminierung zu einem strafbaren Delikt wird; ferner haben sie einschlägige Bildungsprogramme und neue Institutionen eingerichtet, die sich mit Fragen der rassischen Diskriminierung beschäftigen.

Das Komitee berichtet jährlich an die Generalversammlung der Vereinten Nationen, die seine Vorschläge und allgemeinen Empfehlungen autorisiert. Eine weitere Funktion des Komitees besteht in der Anwendung der (bisher noch von keinem Staat angesprochenen) Prozeduren, die es dem Komitee erlauben, sich mit zwischenstaatlichen Beschwerden zu befassen.

27. *Welche weiteren Maßnahmen setzt das Komitee für die Beseitigung rassischer Diskriminierung (CERD)?*

Das Komitee entwickelt Maßnahmen zur Verhinderung rassischer Diskriminierung. Dazu zählen Frühwarnsysteme, die verhindern sollen, daß bestehende Probleme zu Konflikten eskalieren, und die Entwicklung von vertrauensbildenden Initiativen zur Stärkung rassischer Toleranz und friedlichen Zusammenlebens. Es ergreift auch dringende vorbeugende Maßnahmen als Reaktion auf akute Probleme, die sich aus ernsthaften Verletzungen der Konvention ergeben. In diesem Zusammenhang hat das Komitee „Vor-Ort"-Besuche durch die Entsendung von Missionen in besonders gefährdete Gebiete initiiert.[13]

28. *Können Einzelpersonen bei dem Komitee Beschwerden über Verletzungen der Konvention vorbringen?*

Artikel 14 erlaubt es dem Komitee, in geschlossener Sitzung Beschwerden von Einzelpersonen oder Gruppen von Einzelpersonen gegen Staaten zu behandeln, vorausgesetzt, daß der betroffene Staat das Recht auf individuelle Eingaben akzeptiert hat. Diese Vorgangsweise wurde im Dezember 1982 operativ. Mehr als 20 Staaten haben dieses Recht anerkannt,[14] und das Komitee konnte mehrere Fälle behandeln und abschließen, über die es seine Meinung veröffentlicht hat.[15]

29. *Finden sich diese Grundsätze auch in anderen Normen?*

Ein in diesem Bereich außerordentlich wichtiges Instrument ist die UNESCO-Deklaration über Rasse und rassische Vorurteile, die 1978 zusammen mit der Resolution über die Durchführung dieser Deklaration einstimmig angenommen wurde; darin werden Mitgliedsstaaten eindringlich aufgefordert, durch den Generaldirektor an die Generalkonferenz über die Schritte zu berichten, die sie zur Durchsetzung der Prinzipien der Deklaration unternommen haben. Internationale nichtstaatliche Organisationen sind ebenfalls aufgerufen, an der Durchführung der in der Deklaration niedergeschriebenen Prinzipien mitzuwirken.

30. Mit welchen Vorkehrungen wird die Diskriminierung aufgrund des Geschlechts bekämpft?

Die Konvention über die Eliminierung aller Formen von Diskriminierung gegen Frauen wurde von der Generalversammlung der Vereinten Nationen am 18. Dezember 1979 angenommen und trat am 2. September 1981 in Kraft. Bis heute haben mehr als 150 Vertragsstaaten die Konvention ratifiziert.[16] Die Konvention sieht keine Maßnahmen für Beschwerden von Einzelpersonen oder für zwischenstaatliche Beschwerden vor.

Das Komitee für die Beseitigung von Diskriminierung gegen Frauen, ein aus 23 unabhängigen Experten unter Artikel 17 der Konvention eingesetztes Gremium, beurteilt die periodischen Berichte der Vertragsstaaten über die Einhaltung der Bestimmungen der Konvention. Das Komitee spricht allgemeine Empfehlungen über bestimmte Artikel der Konvention oder zu spezifischen Fragen aus, die die Konvention betreffen. Im Jahr 1992 wurde Empfehlung No. 19 über die Problematik der Gewalt gegen Frauen erlassen; Gewalt gegen Frauen wird, wenngleich in der Konvention nicht speziell erwähnt, als eine Diskriminierung gegen Frauen erachtet, die als solche unter anderem Artikel 1 bis 4 der Konvention verletzt. Die Empfehlung schlägt spezifische Maßnahmen vor, die die Staaten zum Schutz von Frauen vor Gewalt ergreifen sollten. Das Komitee legt der Generalversammlung jährlich einen Bericht vor, der die Überprüfung der Länderberichte, zusammenfassende Bemerkungen und allgemeine Empfehlungen enthält.

31. Warum gibt es eine eigene Konvention für Frauenrechte?

Es ist Ziel der Konvention über die Beseitigung jeglicher Form von Diskriminierung von Frauen, die Gleichbehandlung von Männern und Frauen durchzusetzen und Diskriminierung der Frauen zu verhindern, insbesondere so spezifische Formen der Diskriminierung wie erzwungene Heiraten, Gewalt in der Familie und schlechterer Zugang zu Bildung, Gesundheitsvorsorge und öffentlichem Leben sowie Diskriminierung am Arbeitsplatz.

Diese Probleme wurden von der Kommission über den Status der Frau (einer aus Regierungsvertretern zusammengesetzten Körperschaft), die 1946 mit der Aufgabe eingerichtet wurde, die Geschlechter-Gleichberechtigung zu fördern, schon sehr früh erkannt. Durch die Betonung der Unteilbarkeit von Menschenrechten konzentrierte die Kommission die Aufmerksamkeit auf Entwicklungsfragen als einen Bereich, der Frauen in überdurchschnittlicher Weise betrifft. In jüngerer Zeit befaßte sich die Kommission mit praktischen Maßnahmen zur Durchsetzung der Rechte von Frauen.

32. Durch welche Strategien soll die Gleichberechtigung der Frauen gewährleistet werden?

Die angesprochenen Strategien zielen im wesentlichen auf die Integration der Menschenrechte für Frauen in alle Aktivitäten der Vereinten Nationen ab und darauf, spezielle Mechanismen zu schaffen, um die Verletzung dieser Rechte mit besonderer Berücksichtigung der Frauen zu behandeln.

Zur Förderung der Frauenrechte haben die Vereinten Nationen mehrere Weltkonferenzen einberufen: Mexico City, Mexiko (19. Juni–2. Juli 1975)[17], Kopenhagen, Dänemark (24.–30. Juli 1980)[18], und Nairobi, Kenia (15.–26. Juli 1985). Die 1985 abgehaltene Welt-Frauenkonferenz beschloß die „Nairobi- Zukunftsstrategien für die Förderung der Frau bis zum Jahr 2000“, die das Ziel haben, echte Gleichberechtigung von Frauen in allen Lebensbereichen und die Beseitigung aller Formen und Manifestationen von Diskriminierung gegen Frauen zu erreichen.

Die Deklaration und das Aktionsprogramm von Wien (1993) forderten eine verstärkte Integration der Frauenrechte in das Menschenrechtssystem der Vereinten Nationen. Darüber hinaus bekräftigten sie die Notwendigkeit, die Besonderheit der Frauenrechte und der Entwicklung von Mechanismen zu deren Durchsetzung anzuerkennen, einschließlich einer nachdrücklichen Durchführung der Konvention über die Beseitigung jeglicher Form von Diskriminierung von Frauen.

In Verfolgung der Wiener Deklaration verabschiedete die Menschenrechtskommission anläßlich ihrer 50. Sitzung einen Aufruf zu „verstärkten Bemühungen auf internationaler Ebene, den gleichberechtigten Status der Frau und der Menschenrechte für Frauen in alle Aktivitäten des Systems der Vereinten Nationen“[19] einzubeziehen.

Die Deklaration über die Beseitigung von Gewalt gegen Frauen, die 1993 von der Generalversammlung der Vereinten Nationen angenommen wurde,[20] ruft alle Mitgliedstaaten auf, Maßnahmen zur Vermeidung und Bestrafung von Gewalt gegen Frauen zu ergreifen. Im März 1994 setzte die Menschenrechtskommission einen Sonderberichterstatter über Gewalt gegen Frauen ein, mit der Aufgabe, Ursachen und Folgen von Gewalt gegen Frauen zu untersuchen.

Die Vierte Welt-Frauenkonferenz, die von 4.–15. September 1995 in Beijing, China, stattfand, bestätigte die Bedeutung von Aktivitäten, die die Förderung von Frauen, einschließlich ihrer vollen Einbeziehung in den Entwicklungsprozeß, die Verbesserung ihres Status in der Gesellschaft und die Verwirklichung besserer Bildungschancen zum Ziel haben.

33. Sind die Rechte des Kindes unter dem internationalen Menschenrecht geschützt?

Am 2. September 1990 trat die Konvention über die Rechte des Kindes in Kraft, weniger als ein Jahr, nachdem sie von der Generalversammlung der Vereinten Nationen am 20. November 1989 beschlossen wurde. Eine Rekordzahl von Ländern – mehr als 180 – haben seither die Konvention ratifiziert.[21] Die Vertragsstaaten der Konvention verpflichten sich, alle erforderlichen Maßnahmen zur Verwirklichung der in der Konvention anerkannten Rechte zu ergreifen, wobei die bestmögliche Wahrnehmung der Interessen des Kindes leitendes Prinzip sein soll. Die Bestimmungen sind weitreichend und beinhalten u.a. auch die Anerkennung der Bedeutung des Familienlebens für das Kind.

Das Komitee für die Rechte des Kindes, das unter der Konvention eingerichtet wurde und aus 10 unabhängigen Experten besteht, überprüft die in periodischen Abständen vorgelegten Berichte der Vertragsstaaten über die Durchführung der Konvention. Das Komitee verfaßt abschließende Beobachtungen, Vorschläge und Empfehlungen zu den einzelnen Berichten. Sonderorganisationen können der Überprüfung der Länderberichte beigezogen werden; sie werden eingeladen, Informationen und Ratschläge aus ihren Kompetenzbereichen beizubringen. Das Komitee übermittelt Forderungen an die Sonderorganisationen und weist auf den Bedarf nach technischem Rat und technischer Hilfe hin, die sich aus den Länderberichten ergeben. Das Kinderhilfswerk der Vereinten Nationen (UNICEF)[22], das eine wichtige Rolle bei der Förderung der Konvention spielt, ist wesentlicher Bestandteil dieser Vorgänge. Das Komitee kann der Generalversammlung die Durchführung von Studien über bestimmte Probleme im Zusammenhang mit den Rechten des Kindes durch den Generalsekretär empfehlen. („Kinder in bewaffneten Konflikten" war das Thema einer jüngeren Studie.)

Ein von der Menschenrechtskommission eingesetzter Sonderberichterstatter (siehe auch Frage 7) untersucht den Verkauf von Kindern, Kinderprostitution und -pornographie; dabei wird die zunehmende Internationalisierung dieser Praktiken berücksichtigt.

Eine Afrikanische Charta über die Rechte und das Wohlergehen von Kindern, die von der Organisation für Afrikanische Einheit (siehe Frage 73) angenommen wurde, wird in Kraft treten, sobald sie von 15 Mitgliedstaaten ratifiziert ist.[23]

34. *Welche Maßnahmen gibt es zum Schutz von Minderheiten?*

Die Problematik von Minderheiten ist seit langem bekannt und war einer der Gründe dafür, daß 1947 die Unterkommission zur Verhinderung von Diskriminierung und zum Schutz von Minderheiten als Unterorgan der Menschenrechtskommission eingerichtet wurde. Die Rechte von Personen, die ethnischen, religiösen und sprachlichen Minderheiten angehören, waren Thema einer ihrer frühen Studien.[24] Eine weitere wichtige Untersuchung zu dieser Frage wurde kürzlich fertiggestellt.[25] Neue Ansätze für die

Gewährleistung eines effektiven internationalen Schutzes von Minderheiten befinden sich derzeit im Entwicklungsstadium.

35. Welche Vorkehrungen werden für den Schutz von Angehörigen von Minderheiten getroffen?

Das umfassendste UN-Menschenrechtsinstrument, das sich ausschließlich mit den Rechten von Minderheiten beschäftigt, ist die Erklärung über die Rechte von Angehörigen von nationalen oder ethnischen, religiösen und sprachlichen Minderheiten, die 1992 von der Generalversammlung der Vereinten Nationen einstimmig angenommen wurde.[26] Die Präambel der Deklaration stellt fest, daß die Förderung und Verwirklichung der Rechte von Angehörigen von Minderheiten ein „integraler Bestandteil der Entwicklung einer Gesellschaft... innerhalb eines demokratischen Rahmens auf der Grundlage der Herrschaft des Rechts..." ist. Artikel 1 der Erklärung fordert die Staaten auf, die Identität solcher Minderheiten anzuerkennen und zu fördern. Die Generalversammlung appellierte an die Staaten, „alle notwendigen legislativen und anderen Maßnahmen zu ergreifen, um die Prinzipien der Erklärung zu fördern und wirksam werden zu lassen".[27]

36. *Welche anderen Menschenrechtsinstrumente beziehen sich auf Minderheitenrechte?*

Artikel 27 des Internationalen Paktes über bürgerliche und politische Rechte und Artikel 30 der Konvention über die Rechte des Kindes stellen fest, daß Angehörige von Minderheiten (und nicht Minderheiten als Gruppe) nicht des Rechts beraubt werden dürfen, ihre eigene Kultur zu pflegen, ihre eigene Religion auszuüben oder ihre Muttersprache zu sprechen. Das Menschenrechtskomitee, das zuständige Organ für den Internationalen Pakt über bürgerliche und politische Rechte (siehe auch Frage 13), hat unter dem Fakultativprotokoll Beschwerden von Einzelpersonen über die Verletzung von Artikel 27 entgegengenommen.[28]

Die Konvention gegen Diskriminierung im Unterricht (1960), die von der Generalkonferenz der UNESCO beschlossen wurde, sieht spezielle Vorkehrungen für die Rechte nationaler Minderheiten in Hinblick auf ihre Bildungsaktivitäten (Artikel 5) sowie für ein Verbot der Diskriminierung gegen Gruppen oder Einzelpersonen (Artikel 1) vor.

37. *Warum sind Minderheitenfragen heute dringlicher denn je?*

In den späten achtziger und frühen neunziger Jahren wurde die Frage von Minderheitenrechten aufgrund der weltweiten Ausbreitung von gewaltsamen internen Konflikten und in der Folge massiven menschlichen Leidens, Vertreibung von Menschen und wirtschaftlicher und sozialer Zerrüttung besonders bedeutsam. Zu den scheinbar unbewältigbaren internen Konflikten in Afrika, Asien und Lateinamerika kamen in der Folge der Auflösung der früheren Sowjetunion und der Desintegration von Ex-Jugoslawien neue

Konflikte, wobei letzterer von abscheulichen und kriminellen „ethnischen Säuberungen" begleitet war.

Viele dieser Konflikte haben ihre Wurzeln in der Mißachtung von Minderheiten, die sich aus lang andauernder Unzufriedenheit und Diskriminierung entwickelten. Daraus folgende Bemühungen um Behauptung der Identität, vielfach politisch manipuliert, manifestieren sich in Forderungen nach Selbstbestimmung. Die Ablehnung dieser Ansprüche, das Fehlen von Mechanismen, mit ihnen umzugehen, führen häufig zu gewalttätigen Konflikten, manchmal sogar zu Bürgerkriegen.

In einer „Agenda für den Frieden"[29] wies der frühere Generalsekretär der Vereinten Nationen, Boutros Boutros-Ghali, darauf hin, daß trotz der verstärkten „Zusammenarbeit regionaler und kontinent-weiter Staatenzusammenschlüsse heftige neue Anzeichen von Nationalismen und Souveränitätsansprüchen auftreten und der Zusammenhalt von Staaten durch brutale ethnische, religiöse, soziale, kulturelle und sprachliche Auseinandersetzungen bedroht ist". Es wird auch darauf verwiesen, daß „eine Voraussetzung für die Lösung dieser Probleme in der Verpflichtung gegenüber den Menschenrechten, und im speziellen jenen von ethnischen, religiösen, sozialen oder sprachlichen Minderheiten zu sehen ist."

38. Gibt es weltweit gültige Maßnahmen für diese Probleme?

In vielen solchen Situationen war die internationale Gemeinschaft unfähig, wirksame und angemessene Antworten zu finden. Das unterstreicht die in der „Agenda für den Frieden" formulierte Notwendigkeit, eine präventive Diplomatie zu entwickeln, um Spannungen abzubauen, bevor sie zu Konflikten werden. Es gilt daher, friedliche Wege zu finden und vorbeugende Maßnahmen wie etwa Frühwarnsysteme zu entwickeln, um das Auftreten von Gewalt zu verhindern und wenn möglich die zugrundeliegenden Ursachen zu beseitigen.

39. Gibt es regionale Maßnahmen für diese Probleme?

Die Konferenz für Sicherheit und Zusammenarbeit in Europa (KSZE, siehe auch Frage 81)[30] bestellte als konfliktvorbeugende Maßnahme im Dezember 1992 einen Hochkommissar für Nationale Minderheiten. Seine Aufgabe ist es, frühzeitig zu warnen und frühzeitig angemessene Maßnahmen im Hinblick auf Spannungen mit nationalen Minderheiten zu ergreifen. Der Hochkommissar hat freien Zutritt zum Hoheitsgebiet aller teilnehmenden Staaten und erhält direkte Informationen, unter anderem auch von nichtstaatlichen Organisationen. Es ist zu hoffen, daß die Anwesenheit eines unparteiischen Dritten Diskussion und Dialog zwischen den Konfliktpartnern erleichtern und Auseinandersetzungen schlichten kann.

40. Welche Mittel gibt es zum Schutz der Rechte autochthoner Völker?

In rund 70 Staaten in allen Teilen der Welt gibt es zumindest 300 Millionen Angehörige autochthoner Völker. Das wichtigste internationale Rechtsinstrument für den Schutz ihrer Rechte ist Konvention No. 169 der Internationalen Arbeitsorganisation betreffend autochthone Völker und Stämme in Unabhängigen Staaten, die im Juni 1989 angenommen und im September 1991 in Kraft getreten ist.[31] Sie stipuliert, daß kein Staat oder keine soziale Gruppe das Recht hat, Angehörigen von autochthonen Völkern ihr Recht auf Identität zu verweigern; die Staaten sind verpflichtet, in Zusammenarbeit mit den autochthonen Völkern deren Rechte und Integrität zu gewährleisten.

Im System der Vereinten Nationen hat das Komitee über die Beseitigung rassischer Diskriminierung (CERD, siehe auch Fragen 13–16) Fälle untersucht, in denen Angehörige autochthoner Völker Verletzungen ihrer in Artikel 27 des Internationalen Paktes über bürgerliche und politische Rechte festgeschriebenen Rechte vorgebracht haben; Artikel 27 verbietet Diskriminierung aufgrund von ethnischer, religiöser oder sprachlicher Zugehörigkeit.

Die Arbeitsgruppe der Vereinten Nationen über autochthone

Völker, die 1982 ins Leben gerufen wurde, steht im Mittelpunkt der Aktivitäten für die Rechte autochthoner Völker im Rahmen des Systems der Vereinten Nationen. Die Arbeitsgruppe hat außer der Überprüfung von Regierungspolitik und Erarbeitung von Empfehlungen an die Subkommission für die Verhinderung von Diskriminierung und den Schutz von Minderheiten auch eine Funktion als Forum für die jährliche Zusammenkunft von 500 bis 600 Vertretern autochthoner Völker, die bei dieser Gelegenheit freien und demokratischen Meinungsaustausch mit Vertretern von Regierungen, nichtstaatlichen Organisationen und Sonderorganisationen der Vereinten Nationen pflegen können. Der Entwurf einer UN-Deklaration über die Rechte autochthoner Völker – einschließlich des Rechts auf Selbstbestimmung, des Rechts auf Nutzung ihres Landes und ihrer Bodenschätze, des Rechts auf Benützung der eigenen Sprachen – wurde im Jahr 1994 von der Unterkommission beschlossen und sollte in einer zeitlich nicht begrenzten, von der Menschenrechtskommission 1995 eingesetzten Arbeitsgruppe weiter ausgearbeitet werden (Resolution 1995/32 vom 3. März 1995). Weiters wird die Möglichkeit der Erarbeitung von Richtlinien- und Grundsatzentwürfen für den Schutz der kulturellen und intellektuellen Rechte autochthoner Völker in Erwägung gezogen.

Autochthone Völker zählen noch immer zu der Gruppe, die in allen Ländern am stärksten von Diskriminierung betroffen ist. Sie haben nicht nur unter den schlechtesten Wohn, Gesundheits- und Bildungsmöglichkeiten und Arbeitsbedingungen zu leiden, sondern sie verlieren auch ihren Grundbesitz und ihre Bodenschätze, von denen ihr Überleben abhängt. In einigen Nationen erleiden die autochthonen Völker andere ernste Menschenrechtsverletzungen, wie willkürliche Tötung oder Verschleppung. In einem Versuch, diese Situation in den Griff zu bekommen, hat die Generalversammlung der Vereinten Nationen die am 10. Dezember 1994 beginnenden zehn Jahre zur Dekade der autochthonen Völker der Welt ausgerufen.[32] Ziel der Dekade ist es, die internationale Zusammenarbeit zur Lösung der Probleme autochthoner Völker zu verstärken. Ein Tag jedes Jahres, der 9. August, soll als Internationaler Tag der Autochthonen Völker begangen werden

41. Welche Vorkehrungen wurden zum Schutz der Menschenrechte in Zeiten bewaffneter Konflikte getroffen?

Es liegt auf der Hand, daß in Zeiten bewaffneter Konflikte die volle Einhaltung der Menschenrechte nicht gewährleistet werden kann. Der Schutz der Grundrechte muß jedoch sichergestellt werden, und dies ist Gegenstand des internationalen Menschenrechts.

Die Geschichte des internationalen humanitären Rechts ist eng verknüpft mit der Geschichte des Roten Kreuzes. Das Rote Kreuz (heute bekannt unter der Bezeichnung Internationale Rotkreuz- und Rote Halbmond-Bewegung) entwickelte sich aus der Arbeit des Schweizer Humanisten Henri Dunant, der in der Schlacht von Solferino im Jahr 1859 Nothilfe-Dienste organisierte.

Die Genfer Konvention des Jahres 1864, das erste multilaterale Abkommen über humanitäres Recht, verpflichtete Regierungen zur Sorge um Kriegsverwundete, seien sie nun Freund oder Feind. Diese Konvention wurde durch die Genfer Konvention aus 1906, durch die Haager Konventionen der Jahre 1899 und 1907 und durch die Genfer Konvention des Jahres 1929 erweitert.

Nach dem zweiten Weltkrieg, in dem es zu schwerstem Mißbrauch der Grundsätze des humanitären Rechts gekommen war, wurden die bestehenden Bestimmungen erweitert und kodifiziert.

Der gesetzliche Schutz von kämpfenden und nicht-kämpfenden Menschen besteht aus den als „Das Gesetz von Den Haag" bekannten Regeln für die Abwicklung militärischer Aktionen und aus den Gesetzen zum Schutz von Kriegsopfern, die im wesentlichen in den vier Genfer Konventionen des Jahres 1929 festgeschrieben sind.[33] Fast alle Länder der Welt sind diesen Konventionen beigetreten.[34]

In unseren Tagen ist die Unterscheidung zwischen dem „Genfer Gesetz" und dem „Gesetz von Den Haag" eine etwas künstliche, denn die beiden Zusatzprotokolle zu den Genfer Konventionen enthalten Bestimmungen beider Art.

Das Zusatzprotokoll I[35] bezieht sich auf den Schutz von Opfern internationaler bewaffneter Konflikte und Zusatzprotokoll II[36] auf den Schutz von Opfern nicht-internationaler bewaffneter Konflikte.

42. Welche Schutzmaßnahmen sind für Einzelpersonen in Zeiten bewaffneter Konflikte vorgesehen?

Die Genfer Konventionen verlangen den Schutz und die Achtung von verletzten, kranken oder schiffbrüchigen Angehörigen der Streitkräfte sowie von Kriegsgefangenen, ohne Diskriminierung; sie gewährleisten damit gleiche Rechte zum Schutz aller Kriegsopfer. Die Vierte Konvention betrifft den Schutz der Zivilbevölkerung in Kriegszeiten. Die Zusatzprotokolle dehnen den Schutz auf alle Personen aus, die von bewaffneten Konflikten betroffen sind, und verbieten Angriffe auf die Zivilbevölkerung und auf Objekte durch Kämpfende und Teilnehmer an internationalen oder internen Konflikten.[37]

Die Welt-Menschenrechtskonferenz (1993) appellierte an Staaten, die dies bisher noch nicht getan haben, die Genfer Konventionen vom 12. August 1949 und die Zusatzprotokolle zu ratifizieren und alle erforderlichen nationalen Maßnahmen, einschließlich gesetzgeberische, zu setzen, um ihre volle Durchführung zu gewährleisten.

Als neutraler Vermittler bei bewaffneten Konflikten und Unruhen versucht das Internationale Komitee vom Roten Kreuz (ICRC)[38] entweder aus eigener Initiative oder auf der Grundlage der Genfer Konventionen und ihrer Zusatzprotokolle, Schutz und Hilfe für Opfer von internationalen und nicht-internationalen bewaffneten Konflikten und von internen Unruhen und Spannungen zu bieten.

43. Gibt es Möglichkeiten, grobe Verletzungen des internationalen Menschenrechts zu behandeln?

Mit Resolutionen 808 und 827 (1993) des Sicherheitsrats der Vereinten Nationen wurde ein internationales Tribunal eingerichtet, das Personen verfolgen soll, die für „ernste Verletzungen des internationalen Menschenrechts auf dem Gebiet von Ex-Jugoslawien seit 1991" verantwortlich zu machen sind. Das Internationale Tribunal ist ermächtigt, Personen zu verfolgen, denen Völkermord in der Definition der Konvention über die Verhinderung und Bestrafung des Verbrechens des Völkermords (siehe auch Frage 23) vorgeworfen wird. Das Tribunal hat als einzige Aufgabe die Verfolgung und Bestrafung von Personen, die für solche Verletzungen verantwortlich sind, und wird solange tätig sein, bis der internationale Friede und die internationale Sicherheit in der Region wiederhergestellt sind.[39]

Das Tribunal setzt sich aus elf unabhängigen Richtern und einem unabhängigen Ankläger zusammen, der für Untersuchungen und Anklageerhebung zuständig ist. Nur der Ankläger kann ein Verfahren einleiten. Bei der Durchführung der Erhebungen ist der Ankläger berechtigt, Verdächtige, Opfer und Zeugen zu befragen, Beweismittel zu sammeln und vor Ort Untersuchungen durchzuführen. Informationen können aus allen verfügbaren Quellen eingeholt und empfangen werden. Alle Mitgliedsstaaten der Vereinten Nationen sind verpflichtet, vollinhaltlich mit dem Internationalen Tribunal sowohl bei der Vorbereitung von Fällen durch Zurverfügungstellung von Informationen und die Auslieferung beschuldigter Personen als auch bei der Durchführung der Entscheidungen mitzuwirken.

Beschuldigten Personen steht das Recht auf ein faires Gerichtsverfahren zu. Die Strafe für eine einer ernsten Verletzung des internationalen Menschenrechts vom Internationalen Tribunal für schuldig befundene Personen ist Gefängnis. Das Urteil wird auf dem Staatsgebiet eines zustimmenden Staates vollzogen. Die Statuten des Internationalen Tribunals sehen keine Todesstrafe vor. Es gibt das Recht auf Berufung.

Das Internationale Tribunal muß dem Sicherheitsrat und der Generalversammlung jährlich einen Bericht über seine Tätigkeit vorlegen.

44. *Welche anderen Mittel stehen den Vereinten Nationen für die Behandlung von Verletzungen des internationalen Menschenrechts zur Verfügung?*

Mit Resolution 955 (1994) hat der Sicherheitsrat ein internationales Tribunal zur Verfolgung von Personen eingerichtet, die für die Begehung von Völkermord und anderen ernsten Verletzungen des internationalen Menschenrechts auf dem Gebiet von Ruanda und von ruandischen Staatsangehörigen, die auf dem Gebiet benachbarter Staaten für solche Verbrechen verantwortlich sind.

45. Gibt es internationalen Schutz für Flüchtlinge?

Internationale und nationale Konflikte und interne Auseinandersetzungen zwingen Menschen, ihre Heimat in dem Versuch zu verlassen, grobe und massive Verletzungen ihrer Menschenrechte zu vermeiden oder einfach ihr Leben zu retten. Wenn sie in ihrem eigenen Land umsiedeln, werden sie „Vertriebene" genannt; Personen, die ihr Land verlassen, sind Flüchtlinge.

In vielen Fällen werden Flüchtlingsbewegungen durch Menschenrechtsmißbrauch und bewaffnete Konflikte ausgelöst, die oft durch Dürreperioden, Hungersnöte und in manchen Regionen totale Anarchie in eine noch schlimmere Situation ausarten.

Die Konvention über den Status von Flüchtlingen (1951) und das Zusatzprotokoll (1966)[40] anerkennt nur Personen als Flüchtlinge, die ihr Land „aus wohlbegründeter Angst vor Verfolgung aufgrund von Rasse, Religion, Nationalität, Zugehörigkeit zu einer bestimmten gesellschaftlichen Gruppe oder politischen Meinung" verlassen (Artikel 1 der Konvention). Die Sicherheit von Flüchtlingen beruht auf der Gewährung von Asyl und auf der Einhaltung des Prinzips der Nicht-Zurückweisung, d.h., daß niemand an der Grenze oder nach der Einreise in ein anderes Land zurückgewiesen oder zur Rückkehr in ein Land gezwungen werden darf, in dem sein Leben oder seine Freiheit aus den oben angeführten Gründen bedroht sind.

46. Wie wird dieser Schutz gewährleistet?

Das Büro des UN-Hochkommissars für das Flüchtlingswesen (UNHCR) ist für die Überwachung der Einhaltung der internationalen Vorkehrungen für den Schutz von Flüchtlingen zuständig; es versucht auch, dauerhafte Lösungen zu finden, indem es Regierungen dabei behilflich ist, die freiwillige Rückführung von Flüchtlingen und/oder ihre Integration in neue nationale Gemeinschaften zu erleichtern.

Im Gründungsjahr von UNHCR, 1951, gab es schätzungsweise eine Million Flüchtlinge. Ende 1994 zählte man 45 Millionen Flüchtlinge und Vertriebene in allen fünf Erdteilen, davon fielen 18 bis 20 Millionen unter den Begriff „Flüchtlinge" und standen damit im Mittelpunkt des UNHCR-Mandats.[41] UNHCR erhält auch aufgrund seiner Erfahrungen bei der Bereitstellung von humanitärer Hilfe eine ständig wachsende Zahl von Ersuchen um Unterstützung bei der Hilfe für die mehr als 25 Millionen Vertriebenen.

Wenngleich das Flüchtlingsrecht auf im Lande vertriebene Personen nicht direkt anwendbar ist, bietet UNHCR ihnen unter den allgemeinen Bestimmungen des internationalen Menschenrechts und des humanitären Rechts auf einer ad-hoc Basis Unterstützung an. Dieser Schutz ist jenem von Flüchtlingen sehr ähnlich.[42]

In zunehmendem Maße hat sich UNHCR mit den Wurzeln von Konflikten und mit der Notwendigkeit von Frühwarnmethoden und „präventiven Strategien" zur Verhinderung und Lösung von Flüchtlingsströmen und interner Vertreibung zu befassen. Nach Auffassung des UN-Hochkommissars für das Flüchtlingswesen bedürfen vorbeugende Strategien einen umfassenden Ansatz, der auch Entwicklungshilfe und humanitäre Aktivitäten sowie den Schutz der Menschenrechte mit einschließt.[43]

47. Gibt es regionale Schutz-Systeme für Flüchtlinge?

Das umfassendste und bedeutendste regionale Rechtsinstrument ist die Konvention für die Behandlung spezifischer Aspekte von Flüchtlingsproblemen in Afrika, die von der Organisation für Afrikanische Einheit (siehe auch Frage 73) im Jahr 1969 beschlossen wurde und 1974 in Kraft getreten ist.[44] Diese Konvention enthält eine erweiterte Definition des Begriffs „Flüchtling", die auf jede Person anwendbar ist, die gezwungen ist, außerhalb ihres Herkunftslandes oder ihrer Nationalität aus Gründen wie etwa Aggression von außen, Besetzung oder interne zivile Unruhen Zuflucht zu suchen.

BESCHWERDE ÜBER
MENSCHENRECHTS-
VERLETZUNG

UN
PLANTU

48. Kann sich jede/r an die Vereinten Nationen wenden, der/die meint, daß er/sie in seinen/ihren Menschenrechten verletzt wird?

Die Vereinten Nationen haben Hunderttausende von Beschwerden von Einzelpersonen und Organisationen wegen vermeintlicher Menschenrechtsverletzungen erhalten. Seit der Einführung einer besonderen Prozedur für diese Angelegenheiten (siehe Frage 49) ist die Zahl der Beschwerden signifikant gestiegen. So erhielten die Vereinten Nationen etwa im Jahr 1993 280.000 solche Eingaben. Verschiedene Maßnahmen wurden zur Behandlung solcher Beschwerden entwickelt, die nicht immer individuelle Fälle sind. Aber es gibt auch Verfahrensweisen, mittels derer individuelle Fälle vom Menschenrechtskomitee (siehe Frage 13), vom Komitee für die Beseitigung von rassischer Diskriminierung (CERD) (siehe Frage 26), vom Komitee gegen Folter (siehe Teil II, Artikel 5) und von der Arbeitsgruppe für willkürliche Anhaltung behandelt werden können.

49. Was geschieht mit diesen Eingaben?

Die Menschenrechtskommission (siehe auch Frage 7) ist das wichtigste Gremium der Vereinten Nationen zur Behandlung von Menschenrechtsproblemen, einschließlich dieser Eingaben.

Die Menschenrechtskommission, ein Hilfsorgan des Wirtschafts- und Sozialrates (ECOSOC), ist für die Behandlung dieser Beschwerden zuständig, hat jedoch im Rahmen ihres Instrumentariums nicht die Möglichkeit, Maßnahmen im Hinblick auf die Beschwerden von Einzelpersonen zu ergreifen.

Als die Kommission ins Leben gerufen wurde, gab es keine Vorkehrungen, mit deren Hilfe Einzelpersonen oder Gruppen sich gegen vermeintliche Verletzungen der Menschenrechte zur Wehr setzen konnten; die Kommission stellte daher fest, „daß sie keine Macht habe, irgendwelche Maßnahmen im Hinblick auf Menschenrechtsbeschwerden zu ergreifen“. Es entwickelte sich jedoch mit der Zeit ein Vorgang, demzufolge aus den eingehenden Beschwerden zwei Listen erstellt werden, eine öffentlich zugängliche Liste über die Grundsätze für den Schutz und die Förderung der Menschenrechte und eine vertrauliche Liste, die Beschwerden gegen einzelne Staaten enthält.

Dieser letztere Vorgang wurde 1970 mit ECOSOC-Resolution 1503 (XLVIII) formalisiert, die eine komplexe vertrauliche Vorgangsweise vorsieht, mit der Beschwerden untersucht werden können, die „ein ständiges Muster von groben und verläßlich nachgewiesenen Verletzungen von Menschenrechten und Grundfreiheiten aufweisen". Damit konnten erstmals Beweise für Verletzungen nicht nur von Einzelpersonen, sondern auch von Gruppen oder nichtstaatlichen Organisationen mit einem direkten und verläßlichen Wissen um Verletzungen vorgelegt werden. Die Beschwerden werden in erster Instanz von einer Arbeitsgruppe der Unterkommissionen über die Verhinderung von Diskriminierung und den Schutz von Minderheiten (siehe auch Frage 34) und in der Folge von einer Arbeitsgruppe der Menschenrechtskommission überprüft. Die Menschenrechtskommission kann entscheiden, entweder eine eingehende Studie über die Situation vorzunehmen oder, mit Zustimmung des betroffenen Staates, ein ad-hoc-Komitee zur Untersuchung der Situation einzusetzen und in beiden Fällen den entsprechenden Bericht an ECOSOC vorzulegen – an diesem Punkt wird die Information öffentlich zugänglich. Bisher hat die Kommission noch in keinem Fall öffentlich tätig werden müssen. Man weiß jedoch, daß die Kommission immer wieder vertrauliche Mechanismen zwischen ihren offiziellen Sitzungen eingerichtet hat, wobei unabhängige Experten eine Situation überprüft und der Kommission Berichte vorgelegt haben. Die Kommission kann in Eigeninitiative die Geheimhaltung im Hinblick auf bestimmte Situationen aufheben und einen öffentlichen Vorgang zu deren Untersuchung in die Wege leiten.

Die Kommission veröffentlicht die Namen jener Länder, die unter Resolution 1503[45] bei der jeweiligen Jahrestagung untersucht wurden. Länder, die auf dieser Liste aufscheinen, können Gegenstand öffentlicher Diskussion über Menschenrechte werden. Die Wirksamkeit dieses Vorgangs hängt weitgehend von der Bereitschaft zur Zusammenarbeit des jeweiligen Staates ab. Er hat insofern eine wichtige Aufgabe, als alle in der Allgemeinen Erklärung der Menschenrechte und in den Internationalen Pakten anerkannten Rechte erfaßt sind und der Vorgang auf alle Mitgliedsstaaten der Vereinten Nationen Anwendung findet. Er stellt daher eine Ergänzung zu anderen für spezifische Rechte eingesetzte Maßnahmen dar, die nur für die jeweiligen Unterzeichnerstaaten anwendbar sind.

Was die offenen Vorgangsweisen betrifft, so konnte im Jahr 1967 ein Meilenstein gesetzt werden, als ECOSOC Resolution 1235 annahm, durch die die Menschenrechtskommission ermächtigt wurde, „eine eingehende Untersuchung von Situationen vorzunehmen, die ein konstantes Muster von Menschenrechtsverletzungen erkennen lassen, wie am Beispiel der Apartheid-Politik zu erkennen ist" und darüber an ECOSOC Berichte und Empfehlungen vorzulegen. Es wurden Fact-finding-Studien in die Wege geleitet und eine Arbeitsgruppe von Experten über das Südliche Afrika im Jahr 1967 eingesetzt. In der Folge wurde eine Gruppe zur Untersuchung von vermuteten Menschenrechtsverletzungen in den besetzten arabischen Gebieten und eine ad-hoc Arbeitsgruppe über Chile (die 1979 ihre Arbeit abschloß) eingerichtet. Da Einigung über die politischen Zielsetzungen und die Beurteilung der Lage erzielt werden konnte, erhielt die Menschenrechtskommission die Möglichkeit, ihr Mandat, Menschenrechts- und Grundfreiheitsverletzungen öffentlich zu untersuchen, in allen Teilen der Welt wahrzunehmen.

50. Welche anderen Maßnahmen wurden von der Menschenrechtskommission zur Behandlung von Menschenrechtsverletzungen ergriffen?

Auf ad-hoc Basis entwickelt sich Schritt für Schritt ein Spektrum von Überwachungsmechanismen, dessen Legitimität sich nicht von einem bestimmten Menschenrechtsinstrument herleitet. Jeder dieser Mechanismen wird durch Beschluß der Menschenrechtskommission für eine bestimmte Aufgabe eingesetzt und vom Wirtschafts- und Sozialrat genehmigt. Diese speziellen Vorgangsweisen sind im wesentlichen Durchführungsmechanismen; sie versuchen als solche, Regierungen zur Einhaltung anerkannter Menschenrechtsstandards zu bewegen. Diese allgemein als die „Sonder-Maßnahmen" der Menschenrechtskommission bekannten Mecha-

MENSCHEN-
RECHTS-
KOMMISSION
DER NERVT MICH!
PLANTU

nismen unterteilen sich in zwei Gruppen: jene, die sich auf globaler Ebene thematisch mit Menschenrechtsfragen befassen, und jene, die sich auf die Situation der Menschenrechte insgesamt in einem bestimmten Land beziehen.[46]

Diese Mechanismen werden entweder von Sonderberichterstattern oder Arbeitsgruppen getragen. Mitglieder der Arbeitsgruppen und die individuellen Sonderberichterstatter sind unabhängige Experten, nicht Regierungsvertreter. Darüber hinaus gibt es auch noch weitere Mandate, mit denen der Generalsekretär aufgefordert wird, Berichte über verschiedene spezifische Themen in Auftrag zu geben. Diese können entweder thematischer oder situationsbezogener Natur sein.

51. Was versteht man unter thematischen Vorgängen?

Die erste jemals eingerichtete thematische Vorgangsweise war die Arbeitsgruppe betreffend Verschollene im Jahr 1980. Ihre vordringlichste Aufgabe ist es, eine Vermittlerrolle zwischen Familien von vermißten Personen und Regierungen zu spielen, um den Aufenthaltsort der Vermißten festzustellen. In Verfolgung dieses Zieles analysiert die Arbeitsgruppe Fälle von verschwundenen Personen; sie erhält Informationen von staatlichen und nichtstaatlichen Quellen; befaßt Regierungen mit einschlägigen Fällen, mit der Aufforderung, Untersuchungen durchzuführen; sie übermittelt die Stellungnahmen der Regierungen an die Familien der Verschwundenen; sie verfolgt die Untersuchungen und andere Befragungen; sie überprüft Anschuldigungen allgemeiner Natur gegen bestimmte Länder; und sie interveniert bei Regierungen, wenn Verwandte von vermißten Personen oder Menschen, die mit der Arbeitsgruppe zusammengearbeitet haben, infolge ihrer Tätigkeit Repressionen oder Strafsanktionen zu erleiden hatten. Die Arbeitsgruppe verfaßt allgemeine Schlußfolgerungen und Empfehlungen, die in ihren Bericht an die Menschenrechtskommission Eingang finden.[47]

Die Erklärung zum Schutz aller Verschollenen wurde von der Generalversammlung der Vereinten Nationen am 18. Dezember 1992 angenommen. Die Deklaration stellt fest, daß das systematische Verschwinden von Menschen ein Verbrechen gegen die Menschlichkeit und eine Verletzung des Rechts auf Anerkennung als Person vor dem Recht, des Rechts auf Freiheit und Sicherheit der Person und des Rechts auf Freiheit von Folter darstellt. Es ist auch eine Verletzung bzw. ernste Gefährdung des Rechts auf Leben. Staaten sind verpflichtet, effektive Maßnahmen zur Verhinderung und zur Beendigung von Akten erzwungenen Verschwindens zu ergreifen.

Die Arbeitsgruppe über willkürliche Anhaltung wurde 1991 eingerichtet, um Fälle zu untersuchen, wo Menschen willkürlich oder in Verletzung einschlägiger internationaler Standards, die von den betroffenen Staaten anerkannt wurden, angehalten werden. Der Posten des Sonderberichterstatters für außergerichtliche Hinrichtungen (siehe auch Teil II, Artikel 3) wurde 1982 geschaffen, jener des Sonderberichterstatters für Folter (siehe Teil II, Artikel 5) 1985. Zusammen mit der Arbeitsgruppe über erzwungenes oder unfreiwilliges Verschwinden setzen diese beiden Notmaßnahmen, durch die sie unmittelbar auf bedrohliche Situationen reagieren können.

Zu den „Sondermaßnahmen“ zählen auch die Sonderberichterstatter für innerstaatlich Vertriebene (siehe Teil II, Artikel 14); den Verkauf von Kindern, Kinderprostitution und Kinderpornographie (siehe Teil II, Artikel 25); Unabhängigkeit und Unvoreingenommenheit von Richtern, Geschworenen und Sachverständigen (siehe Teil II, Artikel 10); die Beseitigung von Gewalt gegen Frauen (siehe auch Frage 32); zeitgenössische Formen von Rassismus, rassischer Diskriminierung und Fremdenhaß (siehe Teil II, Artikel 2); religiöse Intoleranz (siehe Teil II, Artikel 18); Meinungs- und Ausdrucksfreiheit (siehe Teil II, Artikel 18); und Einsatz von Söldnern als Druckmittel, um Menschen in ihrem Recht auf Selbstbestimmung zu behindern.

52. Kann die Lage in allen Ländern einer Überprüfung unterzogen werden?

Im Jahr 1994 wurden acht Länder[48] durch Sonderberichterstatter untersucht, deren Berichte an die Generalversammlung der Vereinten Nationen und an die Menschenrechtskommission vorgelegt wurden.[49]

53. Was ist der Hauptzweck solcher Sondermaßnahmen?

Alle Sondermaßnahmen werden mit dem Ziel in Auftrag gegeben, Situationen von Menschenrechtsverletzungen im Hinblick auf die Durchführung der internationalen Menschenrechtsstandards zu untersuchen und zu prüfen. Zu diesem Zweck können sie objektiv Informationen von Regierungs- und Nicht-Regierungsquellen, darunter auch Opfern von Menschenrechtsverletzungen anfordern und entgegennehmen; sie können Regierungen zu Stellungnahmen zu vorliegenden Informationen einladen und Länder mit deren Zustimmung besuchen. Vordringlichstes Ziel ist es, einen konstruktiven Dialog mit Regierungen in Gang zu bringen und ihnen Mittel und Wege zur Verbesserung des Schutzes der Menschenrechte zu empfehlen. Sonderberichterstatter und Arbeitsgruppen haben verlängerbare Mandate; ihre Berichte beinhalten auch allgemeine Schlußfolgerungen und Empfehlungen, aus denen Art und Schwere der ihrem Mandat unterstehenden Menschenrechtssituationen hervorgeht.

Die Verwendung von Field Officers in Zusammenhang mit bestimmten Mandaten wurde kürzlich begonnen.[50]

54. Welche Bedeutung haben die Sondermaßnahmen?

Der Einsatz von Sondermaßnahmen spiegelt eine Entwicklung in den Menschenrechtsaktivitäten wider: von einem Schwerpunkt auf Standardsetzung hin zu einem Schwerpunkt auf Implementierung und Einhaltung bestehender Standards. So entsteht ein Rahmen von Maßnahmen und Mechanismen zum Schutz der Menschenrechte.

Im Mittelpunkt einer Sondermaßnahme zu stehen, ist ein Hinweis auf schwerwiegende Menschenrechtsverletzungen, und Staaten bemühen sich mit allen Mitteln, einer solchen öffentlichen Maßregelung zu entgehen. Die öffentliche Untersuchung der

Praktiken eines Staates und der Mißhandlung seiner Bürger allein kann schon eine Schutzmaßnahme darstellen, die weiteren Mißbrauch verhindert und Menschenleben rettet. Dringliche Maßnahmen können weitere Verletzungen verhindern. Die Aufrechterhaltung internationalen Drucks und internationaler Verurteilung kann dazu führen, daß Staaten ihre Menschenrechtssituation verbessern.

Der Erfolg ist schlußendlich von der Reaktionsbereitschaft der jeweiligen Staaten abhängig, das heißt von ihrer Sensibilität gegenüber Verurteilung und dem Verbleib auf der öffentlichen Tagesordnung der Kommission und der Generalversammlung.

55. *Welche neuen Institutionen gibt es im Bereich der Menschenrechte?*

Deklaration und Aktionsprogramm von Wien (1993) anerkannten die Notwendigkeit, die Maschinerie der Vereinten Nationen zur Förderung und zum Schutz der Menschenrechte an die gegenwärtigen und zukünftigen Erfordernisse anzupassen und die Einsetzung eines Hochkommissars für Menschenrechte[51] zu empfehlen. Dies geschah am 20. Dezember 1993, als die Generalversammlung der Vereinten Nationen Resolution 48/141 einstimmig annahm, mit der der Posten des Hochkommissars für die Förderung und den Schutz aller Menschenrechte eingerichtet wurde Am 5. April 1994 nahm der Hochkommissar seine Arbeit auf.[52]

Der für eine Periode von vier Jahren, mit der Möglichkeit einer einmaligen Verlängerung, bestellte Hochkommissar für Menschenrechte muß seine Tätigkeit im Rahmen der Charta der Vereinten Nationen, der Allgemeinen Erklärung der Menschenrechte und anderer einschlägiger Rechtsinstrumente zur Förderung der allgemeinen Achtung und Einhaltung aller Menschenrechte ausüben; er muß sich dabei von der Anerkennung der Tatsache leiten lassen, daß „alle Menschenrechte – bürgerliche, kulturelle, wirtschaftliche, politische und soziale – universell, unteilbar, wechselseitig voneinander abhängig und miteinander verknüpft" sind und daß Förderung und Schutz der Menschenrechte ein legitimes Anliegen der internationalen Gemeinschaft sind.

56. Welches Mandat hat der Hochkommissar für Menschenrechte?

Der Hochkommissar für Menschenrechte ist der für Menschenrechtsaktivitäten zuständige UN-Beamte und hat die Aufgabe sicherzustellen, daß alle Menschenrechte, einschließlich das Recht auf Entwicklung, gefördert und geschützt werden.

Zu den Verantwortlichkeiten des Hochkommissars zählt die Koordinierung der Förder- und Schutzaktivitäten der Menschenrechte im System der Vereinten Nationen; die Bereitstellung von Beratungsdiensten sowie von technischer und finanzieller Hilfe durch das Zentrum für Menschenrechte; die Rationalisierung, Akzeptanz, Stärkung und Vereinheitlichung der Maschinerie des Systems der Vereinten Nationen für Menschenrechte im Hinblick auf eine Verbesserung ihrer Effizienz und Wirksamkeit; die Herstellung des Dialogs mit allen Regierungen im Hinblick auf die Gewährleistung der Achtung aller Menschenrechte; und eine aktive Rolle bei der Verhinderung fortgesetzter Menschenrechtsverletzungen in allen Teilen der Welt.[53]

57. Welches sind die Aufgaben des UN-Zentrums für Menschenrechte?

Das UN-Zentrum für Menschenrechte dient als Brennpunkt aller Aktivitäten der Vereinten Nationen im Bereich Menschenrechte. Es wurde 1982 mit Resolution 37/437 der Generalversammlung durch eine Neustrukturierung der ehemaligen Abteilung für Menschenrechte geschaffen. Das Zentrum mit Sitz in Genf und einem Büro in New York untersteht einem Stellvertretenden Generalsekretär.

Die wichtigsten Aufgaben des Zentrums sind: Unterstützung der Gremien und Organe der Vereinten Nationen bei der Förderung und beim Schutz der Menschenrechte und Grundfreiheiten, wie sie in der Charta der Vereinten Nationen, der Allgemeinen Erklärung der Menschenrechte und den Internationalen Pakten über Menschenrechte sowie in den einschlägigen Resolutionen der Generalversammlung vorgesehen sind.

Seit der Einrichtung des Postens eines UN-Hochkommissars für Menschenrechte (siehe auch Frage 55) untersteht ihm die Leitung des Zentrums, um dadurch eine Koordinierung aller Menschenrechtsaktivitäten im System der Vereinten Nationen zu gewährleisten.

Das Zentrum bietet den mit Menschenrechtsfragen befaßten UN-Gremien, wie etwa der Generalversammlung, dem Wirtschafts- und Sozialrat, der Menschenrechtskommission, der Unterkommission für die Verhinderung von Diskriminierung und den Schutz von Minderheiten, dem Komitee für die Beseitigung von rassischer Diskriminierung (CERD), dem Menschenrechtskomitee, dem Komitee für wirtschaftliche, soziale und kulturelle Rechte und dem Komitee gegen Folter, Sekretariats- und inhaltliche Dienste an.

Das Zentrum führt auch Forschungen und Studien über Menschenrechte durch und bereitet Berichte über deren Implementierung vor. Außerdem koordiniert es die Beziehungen zu einschlägigen nichtstaatlichen und anderen Organisationen und den Medien. Weiters verbreitet es Informationen und erarbeitet Publikationen über Menschenrechtsthemen.

Mehrere Resolutionen der UN-Generalversammlung haben die Bedeutung der Aktivitäten des Zentrums und die Notwendigkeit besonders hervorgehoben, es mit ausreichenden menschlichen, finanziellen und anderen Ressourcen auszustatten.

58. Welche praktische Hilfe bieten die Vereinten Nationen den Staaten zur Verbesserung des Schutzes und der Förderung von Menschenrechten an?

Im Jahr 1985 richtete die Generalversammlung formell ein „Programm von Beratungsdiensten“ im Bereich der Menschenrechte ein, das vom UN-Zentrum für Menschenrechte koordiniert werden sollte. Seine wichtigste Aufgabe ist es, auf Anforderung von Regierungen die Dienste von Experten, Stipendien, Seminaren und Ausbildungskursen für Menschenrechte zur Verfügung zu stellen. Ein Freiwilliger Fonds für technische Zusammenarbeit in diesem Bereich wurde 1987 geschaffen, um die substantiell stark gewachsenen Programme finanzieren zu können.

Diese Ausweitung erklärt sich aus den politischen Veränderungen, die sich mit dem Ende des Kalten Krieges in den späten achtziger Jahren angekündigt haben. Neue Staaten und entstehende Demokratien in Lateinamerika, Osteuropa und Afrika riefen nach Unterstützung bei der Stärkung ihrer jungen gesetzgebenden und zivilen Institutionen und bei der Erfüllung der Berichtspflicht, die sich aus eben erst ratifizierten Menschenrechtsinstrumenten ergab.

Ein neues, umfassendes Länderprogramm ist jetzt operationell geworden. Auf der Grundlage der erhobenen Menschenrechtsbedürfnisse eines Landes wird ein integriertes technisches Hilfsprogramm mit dem Ziel erarbeitet, einen rechtlichen und institutionellen Rahmen zu stärken, der Menschenrechte und Demokratie unter der Herrschaft des Rechts fördern und aufrechterhalten kann.

In diesem Zusammenhang werden Experten zur Verfügung gestellt, die Unterstützung bei der Erarbeitung von nationalen Verfassungen bieten, die folgende Bestimmungen enthalten: Menschenrechtsnormen und die Unabhängigkeit von Gerichten; Beratung über Mechanismen für die Gewährleistung der demokratischen Ordnung, einschließlich Unterstützung bei Wahlen; Ausbildung von Richtern, Exekutivorganen, Beamten und Angehörigen der Streitkräfte unter besonderer Berücksichtigung der internationalen Menschenrechtsstandards.

Das Programm beinhaltet auch Komponenten der Menschenrechtserziehung, Stärkung der Massenmedien bei der Förderung der Menschenrechte und Konfliktlösung. Dabei konzentriert man sich vor allem auf Konfliktprävention und Techniken für die friedliche Lösung von Konflikten; dazu zählt auch die Ausbildung von UN-Friedenserhaltendem Personal und die Einrichtung von Field Offices des Zentrums für Menschenrechte.[54] Der Hochkommissar für Menschenrechte mißt der technischen Zusammenarbeit große Bedeutung bei.

Das Programm anerkennt die große Bedeutung von nichtstaatlichen Menschenrechtsorganisationen und anderen gesellschaftlichen Gruppen für den Aufbau einer zivilen Gesellschaft und bietet ihren Projekten direkte Unterstützung an.

59. Welche UN-Organisationen haben spezielle Durchführungsmaßnahmen für den Schutz der Menschenrechte in ihrem Zuständigkeitsbereich?

Es gibt zwei Sonderorganisationen der Vereinten Nationen, in deren Rahmen solche Maßnahmen vorgesehen sind: die Sonderorganisation der Vereinten Nationen für Erziehung, Wissenschaft und Kultur (UNESCO) und die Internationale Arbeitsorganisation (ILO).

60. Welche Maßnahmen sieht die UNESCO vor?

Die Zuständigkeit der UNESCO besteht in Rechten, die sich auf Erziehung, Wissenschaft (einschließlich der Sozialwissenschaften), Kultur und Kommunikation beziehen; zu letzteren zählen die Meinungs- und Ausdrucks- sowie die Pressefreiheit.

Die Maßnahmen, die die UNESCO in bezug auf die Förderung und Anwendung der Menschenrechte setzen kann, sind in den von ihr beschlossenen Konventionen und Empfehlungen niedergelegt. Die Durchführungsmethode besteht aus einem Berichtlegungs- und Beschwerdesystem.

Das UNESCO-Übereinkommen gegen Diskriminierung im Unterricht trat 1962 in Kraft und ist von mehr als 80 Staaten ratifiziert worden.[55] Dieses Übereinkommen verpflichtet die Mitgliedsstaaten zu einer nationalen Politik, die Chancen- und Behandlungsgleichheit im Bildungswesen fördert. Die Staaten nehmen es auf sich, wenn notwendig, durch gesetzgeberische Maßnahmen zu gewährleisten, daß es keine Diskriminierung im Hinblick auf die Zulassung von Schülern zu Bildungseinrichtungen und auch keine Ungleichheit in der Behandlung von Studenten gibt. Ausländischen Staatsangehörigen werden die gleichen Zugangschancen zur Erziehung zugestanden. Die Durchführungsmaßnahmen beruhen auf einem Berichtssystem aus den Vertragsstaaten, die von einem Sonderkomitee für Konventionen und Empfehlungen geprüft werden. Die Berichte und die Kommentare des Komitees werden dann der Generalkonferenz der UNESCO vorgelegt. Die einzige darüber hinausgehende Maßnahme ist die

DEINE LEISTUNFEN SIND NICHT GUT GENUG FÜR DIESE SCHULE.
KARL MÜLLER
VATER: ARBEITSLOS
MUTTER: KRANK
7 GESCHWI-STER
PLANTU

Verabschiedung von Resolutionen durch die Generalkonferenz als Reaktion auf die aufgeworfenen Fragen.

Um dieses System zu ergänzen und zu stärken, wurde im Rahmen eines Protokolls zum Übereinkommen eine Kommission für Vermittlung und Gute Dienste eingerichtet,[56] die Beschwerden von Staaten über die Nichteinhaltung des Übereinkommens durch andere Staaten zu behandeln hat. Es ist Aufgabe der Kommission, gütliche Lösungen zu finden oder, wo dies nicht möglich ist, eine Empfehlung zu verabschieden, die allenfalls das Ersuchen um Rechtsmeinung des Internationalen Gerichtshofes enthalten kann. Diese Vorgangsweise wurde aber bisher noch nie angewendet.

Ähnliche Maßnahmen gibt es für die Durchführung anderer UNESCO-Rechtsinstrumente, etwa im Bereich Status des Lehrers. Das ILO/UNESCO-Expertenkomitee über die Anwendung der Empfehlung betreffend den Status des Lehrers (1966) wurde durch einen Beschluß des Exekutivrates der UNESCO und des Verwaltungsrates der ILO im Jahr 1968 eingerichtet. Das Komitee besteht aus 12 unabhängigen Experten, wobei ILO und UNESCO jeweils die Hälfte der Mitglieder stellen. Gegenwärtig wird über die Wünschbarkeit einer Aktualisierung der Empfehlung und die Aufnahme einiger Aspekte, die in einer künftigen Konvention über den Status des Lehrers enthalten sein würden, diskutiert.

Die UNESCO hat im Hinblick auf die enge Verbindung zu kulturellen Rechten Bemühungen zum Schutz des kulturellen Eigentums unternommen. Es gibt in diesem Bereich drei UNESCO-Konventionen: Die Konvention zum Schutz des kulturellen Erbes bei bewaffneten Konflikten (die „Haager Konvention"), mit Regeln für die Durchführung der Konvention, das Protokoll zur Konvention und die Konferenz-Resolutionen (1954); weiters das Übereinkommen über Maßnahmen zum Verbot und zur Verhütung der unzulässigen Einfuhr, Ausfuhr und Übereignung von Kulturgut (1970); und das Übereinkommen zum Schutz des Kultur- und Naturerbes der Welt (1972).

61. Kann die UNESCO Beschwerden über angebliche Menschenrechtsverletzungen entgegennehmen?

Die UNESCO verfügt über ein Verfahren zur Behandlung von Beschwerden von Opfern oder anderen Personen, Personengruppen oder nationalen oder internationalen nichtstaatlichen Organisationen, die über glaubwürdiges Wissen von angeblichen Menschenrechtsverletzungen in den Kompetenzbereichen der Organisation, nämlich Erziehung, Wissenschaft, Kultur und Kommunikation, verfügen. Wenn das Einverständnis eines Beschwerdeführers, seinen Namen bekanntzumachen, vorliegt, wird die betroffene Regierung informiert und aufgefordert, schriftlich zu den Beschwerden Stellung zu nehmen; diese Stellungnahmen werden „Mitteilungen" genannt. Diese werden, zusammen mit relevanten Antworten von Regierungen, falls vorhanden, dem Komitee über Konventionen und Empfehlungen des Exekutivrates der UNESCO vorgelegt. Vertreter von betroffenen Regierungen können den Sitzungen des Komitees beiwohnen, um zusätzliche Informationen zu geben oder Fragen von Mitgliedern des Komitees zu beantworten. Das Komitee überprüft zunächst die Zulässigkeit der eingegangenen „Mitteilungen" und versucht, sobald eine solche als zulässig und weitere Maßnahmen für erforderlich befunden wurde, eine einvernehmliche Lösung herbeizuführen, durch die die Förderung der in den UNESCO-Kontext fallenden Menschenrechte bewirkt werden kann. Das Komitee legt dem Exekutivrat einen vertraulichen Bericht vor, der dann allenfalls notwendige Aktivitäten setzen kann.

Dieses Verfahren betrifft nicht nur einzelne und spezifische Fälle von Menschenrechtsverletzungen, sondern auch Fragen von massiver, systematischer und offenkundiger Rechtsübertretung. Eine „Frage" besteht dann, wenn es entweder eine Anhäufung von Einzelfällen gibt, die auf systematische Menschenrechtsverletzungen schließen lassen, oder eine den Menschenrechten widersprechende Politik, die von einem Staat de jure oder de facto betrieben wird. Beschwerden, die solche „Fragen" von Menschenrechtsverletzungen betreffen, werden in öffentlichen Sitzungen des Exekutivrates und der Generalkonferenz behandelt. Bislang mußte dieses Verfahren noch nicht angewendet werden.

Die UNESCO-Maßnahmen sind in gewisser Weise an weniger strenge Voraussetzungen geknüpft als manch andere internationale und regionale Prozeduren zur Behandlung von vermeintlichen Menschenrechtsverletzungen. So etwa ist es nicht erforderlich, daß alle inländischen Mittel erschöpft sind; es muß lediglich der Beweis erbracht werden, daß der Versuch unternommen wurde, diese Mittel auszuschöpfen; auch hindert der Umstand, daß eine „Frage" von einer anderen internationalen Organisation untersucht wird, nicht daran, daß sie auch unter UNESCO-Prozeduren untersucht wird.

Bis Ende 1995 hat das Komitee 440 „Mitteilungen" behandelt, von denen 266 zufriedenstellend gelöst werden konnten, und zwar im wesentlichen durch einen Dialog zwischen dem Komitee und den betroffenen Staaten.

62. *Welche anderen Aktivitäten setzt die UNESCO zur Förderung und zum Schutz von Menschenrechten und Grundfreiheiten?*

Die UNESCO soll laut ihrer 1945 beschlossenen Verfassung, „durch Förderung der Zusammenarbeit zwischen den Völkern auf den Gebieten der Erziehung, Wissenschaft und Kultur zur Wahrung des Friedens und der Sicherheit beitragen, um in der ganzen Welt die Achtung von Recht und Gerechtigkeit, vor den Menschenrechten und Grundfreiheiten zu stärken, die den Völkern der Welt ohne Unterschied der Rasse, des Geschlechts, der Sprache oder Religion durch die Charta der Vereinten Nationen bestätigt worden sind."

Geleitet von den Prinzipien der Allgemeinen Erklärung der Menschenrechte hat sich die UNESCO bemüht, durch die Kodifizierung gewisser in ihren Kompetenzbereich fallenden Rechte deren Weiterentwicklung zu fördern und Wissen um Menschenrechte durch erzieherische Maßnahmen zu verbreiten (siehe auch Teil II, Artikel 26).

Die UNESCO hat auch zahlreiche Aktivitäten gesetzt, um das Recht auf Teilnahme am kulturellen Leben zu stärken. Die Erklärung über die Grundsätze einer internationalen kulturellen

Zusammenarbeit (1966) unterstreicht, daß internationale Zusammenarbeit es „jedermann ermöglichen soll, Zugang zu Wissen zu erhalten, die Künste und die Literatur aller Völker kennenzulernen, an dem in allen Teilen der Welt erzielten wissenschaftlichen Fortschritt und den daraus entstandenen Vorzügen teilzuhaben und zur Bereicherung des kulturellen Lebens beizutragen“ (Artikel IV, Paragraph 4). Die Empfehlung über die Teilnahme und Mitwirkung aller Bevölkerungsschichten am kulturellen Leben (1976) definiert den Zugang zur Kultur als den Zugang aller Menschen zu den Möglichkeiten der Information, Ausbildung und Wissen und zur Teilhabe an kulturellen Werten, insbesondere durch die Schaffung entsprechender sozio-ökonomischer Voraussetzungen.

Mehrere Rechtsinstrumente für den Schutz von Menschen, die im kulturellen und wissenschaftlichen Leben eine bedeutende Rolle spielen, wurden angenommen.[57]

Als die für Erziehung, Wissenschaft (einschließlich Sozialwissenschaften) und Kultur zuständige Sonderorganisation der Vereinten Nationen fördert die UNESCO ein bedeutendes interdisziplinäres Forschungsprogramm, das versucht, die sozialen, wirtschaftlichen und kulturellen Faktoren zu bestimmen, die das Verständnis der Rechte und ihre Durchsetzung leiten. Als Beispiel für solche Forschungsarbeiten ist das Projekt über das Recht auf Privatleben und die Bedeutung des Privatlebens für unterschiedliche Gesellschaftsschichten und unterschiedliche Gesellschaften zu nennen. Ein weiterer Forschungsbereich ist die Auswirkung des technischen Fortschritts auf die Rechte im Staat von heute. Die UNESCO ist seit 1989 besonders mit der Untersuchung der Gesetzgebung bezüglich unabhängiger und pluralistischer Medien sowie in der Beratung von Mitgliedstaaten über neue Mediengesetzgebungen und mögliche Strukturen für herausgeberunabhängige öffentliche Rundfunkanstalten befaßt. Die sozialwissenschaftliche Forschung ist bei der Überwachung der Gesetzeswirksamkeit von großer Bedeutung für die Analyse des tatsächlichen Zugangs zur Gleichheit vor dem Gesetz und der Hindernisse, die sich der Durchsetzung der Menschenrechte entgegenstellen.

63. Welchen Beitrag leistet die Internationale Arbeitsorganisation (ILO) zur Förderung der Menschenrechte?

Die ILO, die seit 1919 besteht und 1946 zu einer Sonderorganisation der Vereinten Nationen wurde, versucht, soziale Gerechtigkeit durch ihr Wirken im Bereich der Arbeitswelt zu erzielen. Die Grundlage der Tätigkeit der ILO besteht darin, internationale Arbeitsnormen zu schaffen und die Einhaltung dieser Normen durch die Mitgliedstaaten der Organisation zu überwachen.[58]

Das von der ILO betriebene Drei-Parteien-System erfordert, daß alle Gremien der Organisation mit Vertretern der Regierungen, der Arbeitgeber und der Arbeitnehmer beschickt sind, die gleichberechtigt an den Entscheidungen und am Funktionieren der Organisation mitwirken.

Das wichtigste Organ der ILO, die Internationale Arbeitskonferenz, beschließt die internationalen Arbeitsnormen in Form von Konventionen und Empfehlungen. Die Konventionen sind, wenn ratifiziert, für die Mitgliedstaaten bindend. Sie beziehen sich auf die grundlegenden Menschenrechte im Bereich der ILO, wie etwa das Recht auf Versammlungsfreiheit, Verbot von Zwangsarbeit, Freiheit von Diskriminierung in Beschäftigung und Beruf. Sie können auch Normen auf Gebieten wie Arbeitsbedingungen, Sicherheit und Gesundheit am Arbeitsplatz, soziale Sicherheit, Gewerbebeziehungen, Beschäftigungspolitik und Berufsberatung festlegen und Schutzbestimmungen für bestimmte Gruppen von Arbeitnehmern, wie etwa Frauen, Gastarbeiter und indigene Völker und Gruppen, erarbeiten.

64. Welche Vorkehrungen gibt es, um sicherzustellen, daß Regierungen ihre Verpflichtungen einhalten?

Es gibt mehrere Vorgangsweisen, um die Durchführung der ILO-Standards zu überwachen und zu lenken. Mit der Unterzeichnung von Konventionen übernehmen die Staaten auch die Verpflichtung, in periodischen Abständen Berichte über die Maßnahmen vorzulegen, die sie zur Durchführung der Konventionsbestimmungen gesetzt haben. Diese Berichte müssen stets von den Regierungen an die Arbeitnehmer- und Arbeitgeberorganisationen der einzelnen Länder gesandt werden, die dazu Stellung nehmen können. Ein aus 20 Mitgliedern bestehendes Expertenkomitee über die Anwendung der Konventionen und Empfehlungen prüft die Berichte und nimmt dazu Stellung, inwieweit die übernommenen Verpflichtungen erfüllt wurden. Das Komitee berücksichtigt dabei die besonderen Umstände und Gepflogenheiten, die in den Ländern bestehen, nicht jedoch die Ideologien der verschiedenen Wirtschafts- und Gesellschaftssysteme, insbesondere wenn es um grundlegende Menschenrechte geht. Das Komitee legt der Jahreskonferenz einen Bericht vor, der vom Konferenzkomitee über die Anwendung der Konventionen und Empfehlungen geprüft wird. Im Laufe der Jahre haben die normativen und kontrollierenden Aktivitäten der ILO bedeutenden Einfluß auf die Veränderung der Sozial- und Arbeitsgesetzgebung der Mitgliedsstaaten erlangt und dazu beigetragen, die Lebensbedingungen der arbeitenden Menschen zu verbessern. Seit 1964 wurden dem Komitee mehr als 2.000 Fälle solcher Veränderungen in mehr als 130 Ländern bekannt.

Wo es Schwierigkeiten bei der Einhaltung der Konventionsbedingungen gibt, bietet die ILO den betroffenen Ländern ihre Hilfe bei der Lösung der Probleme an. Das geschieht durch ein Netzwerk von technischen Beratern in allen Teilen der Welt und durch eine Reihe anderer Mittel. Die technische Hilfe der ILO basiert in allen Bereichen auf diesen Normen.

65. *Welche anderen Vorkehrungen gibt es, um die Einhaltung dieser Normen zu sichern?*

Neben der auf den Regierungsberichten basierenden routinemäßigen Kontrollfunktion der ILO gibt es noch zwei weitere Maßnahmen, die in der Verfassung der Organisation vorgesehen sind, um die Durchführung der Arbeitsnormen zu erfüllen. Die erste sieht das Recht aller Arbeitgeber- und Arbeitnehmerorganisationen vor, sich mit einer Beschwerde an die ILO zu wenden, wenn sie der Ansicht sind, eine Regierung habe die Normen einer bestimmten Konvention nicht eingehalten. Ein spezielles

Drei-Parteien-Komitee des Verwaltungsrates der ILO überprüft den Fall, um festzustellen, ob die Konvention tatsächlich Anwendung findet.

Die zweite Maßnahme gibt einem Mitgliedstaat die Möglichkeit, Beschwerde gegen einen anderen Mitgliedstaat zu erheben, der nach Ansicht des ersteren die Bestimmungen einer Konvention nicht eingehalten hat, die von beiden ratifiziert wurde. Weder der beschwerdeführende Staat noch seine Bürger müssen dazu unter der Nichteinhaltung der Konventionsbestimmungen gelitten haben; ein solches Vorgehen scheint nämlich im allgemeinen Interesse der Menschenrechte zu liegen. Auch der Verwaltungsrat kann entweder aus eigener Initiative oder aufgrund einer Beschwerde eines Delegierten zur jährlichen Internationalen Arbeits-Konferenz Beschwerde erheben. Der Verwaltungsrat kann eine Untersuchungskommission einsetzen. Wenn die betroffene Regierung die Ergebnisse der Untersuchungskommission nicht akzeptiert, kann sie den Fall beim Internationalen Gerichtshof vorbringen. Ein solcher Fall ist bisher noch nicht eingetreten, weil die Regierungen stets die Ergebnisse der Untersuchungskommission akzeptiert haben. Überhaupt wurde nur eine relativ kleine Anzahl von Beschwerden eingebracht, die sich jedoch auf äußerst wichtige Fragen, vorwiegend im Zusammenhang mit den Rechten von Gewerkschaften, Diskriminierung und Zwangsarbeit, bezogen.

66. *Welche Vorkehrungen gibt es, um die Rechte der Gewerkschaften zu gewährleisten?*

Im Jahr 1950 beschloß die ILO in Übereinstimmung mit den Vereinten Nationen, ein besonderes Verfahren zur Untersuchung angeblicher Verletzungen der gewerkschaftlichen Rechte, das die allgemeinen Überwachungsmaßnahmen für Konventionen ergänzt. Beschwerden können von Arbeitnehmer-, Arbeitgeberorganisationen oder von Regierungen vorgebracht werden. In der Praxis kommt die Mehrzahl der Beschwerden von nationalen oder internationalen Gewerkschaften; sie können alle gewerkschaftlichen Rechte betreffen, auch solche, die nicht von den beiden relevanten Konventionen abgedeckt sind: die Konvention (No. 87) über die Vereinsfreiheit und den Schutz des Rechtes, sich zu organisieren (1948), und die Konvention No. 98 über die Anwendung der Grundsätze der Rechte, sich gemeinsam zu organisieren und zu verhandeln (1949). Darüber hinaus können Beschwerden gegen Regierungen erhoben werden, gleichgültig, ob sie diese Konvention ratifiziert haben oder nicht. Das Drei-Parteien-Komitee über die Vereinsfreiheit beim Verwaltungsrat überprüft diese Anschuldigungen und entscheidet, ob die Beschwerden zur weiteren Behandlung an eine Untersuchungs- und Vermittlungskommission für Vereinsfreiheit weitergeleitet werden sollen. In der Praxis wurden nur ganz wenige Fälle abgetreten, und das Komitee selbst konnte den Großteil der Arbeit leisten. Vom seinem Beginn bis 1995 hatte das Komitee fast 2.000 Beschwerden zu behandeln. Die Empfehlungen des Komitees haben Maßnahmen bewirkt, die von der Zurückweisung oder Abänderung von Gesetzesbestimmungen über die Wiedereinstellung von entlassenen Arbeitern bis zur Freilassung inhaftierter Gewerkschafter reichten. In einigen Fällen konnten sogar Todesurteile gegen Gewerkschafter aufgehoben werden.

67. *Gibt es regionale Systeme zum Schutz von Menschenrechten?*

Es gibt drei Regionalorganisationen, die ständige Einrichtungen zum Schutz von Menschenrechten haben: den Europarat, die Organisation für Afrikanische Einheit und die Organisation der Amerikanischen Staaten. Alle drei haben Menschenrechtsinstrumente geschaffen, die von der Allgemeinen Erklärung der Menschenrechte inspiriert sind.

68. *Welche Maßnahmen hat der Europarat zum Schutz der Menschenrechte ergriffen?*

Der 1949 gegründete Europarat etablierte Mechanismen zum Schutz der Menschenrechte im Rahmen der Europäischen Konvention zum Schutz von Menschenrechten und Grundfreiheiten (auch bekannt unter der Bezeichnung Europäische Menschenrechtskonvention) (1950) , die am 3. September 1953 in Kraft trat. Die Konvention befaßt sich in erster Linie mit bürgerlichen und politischen Rechten und hält in ihrer Präambel fest, daß „die Regierungen der europäischen Länder, die gleichgesinnt sind und mit einem gemeinsamen Erbe politischer Traditionen, Ideale, Freiheit und der Herrschaft des Rechts ausgestattet“, fest entschlossen sind, „den ersten Schritt zur kollektiven Durchsetzung gewisser in der Allgemeinen Erklärung der Menschenrechte festgeschriebenen Rechte zu unternehmen“.

Die Mitgliederzahl des Europarates ist von 23 westeuropäischen Staaten auf 39 angewachsen,[59] und zwar durch die Aufnahme von mittel- und osteuropäischen Ländern seit dem Jahr 1990. 33 von ihnen haben die Konvention ratifiziert und das Recht auf individuelle Eingaben und die verpflichtende Rechtsprechung des

Europäischen Gerichtshofs für Menschenrechte anerkannt.[60]

Der Apparat zur Gewährleistung der Durchsetzung der unter der Europäischen Konvention geschützten Rechte besteht zur Zeit aus der Europäischen Kommission für Menschenrechte, dem Europäischen Gerichtshof für Menschenrechte und dem Ministerkomitee. Die Zuständigkeit dieser Institutionen erstreckt sich sowohl auf zwischenstaatliche Fälle als auch auf individuelle Eingaben in Fällen, in denen die betroffene Regierung das Recht auf individuelle Petition anerkannt hat.

Die Entscheidungen des Gerichtshofs sind rechtsverbindlich und die Vertragsstaaten daher verpflichtet, seine Urteile zu vollziehen. Dies führt dazu, daß die Staaten in den meisten Fällen als Ergebnis der Urteile des Gerichtshofs zu bestimmten Fällen legislative oder andere allgemeine Veränderungen vornehmen: So haben etwa Österreich und Deutschland ihre Gesetze über die Untersuchungshaft verändert, Großbritannien änderte die Gefängnisordnung und kam damit einem Urteil nach, das das Recht auf Zugang zu einem Gericht beinhaltete, und die Niederlande erließen Novellen zum Gesetz über militärische Disziplin. Der Gerichtshof verlangt auch in vielen Fällen, daß der Staat jenen Personen, deren Rechte verletzt wurden, Kosten ersetzt und Kompensationen bezahlt.

Mit zunehmendem Bekanntheitsgrad der Prozeduren ist die Arbeitsbelastung der Kommission und des Gerichtshofs so stark angestiegen, daß es bis zu fünf oder sechs Jahre dauern kann, bis die Fälle bearbeitet werden können. Der etwas schwerfällige Charakter der Kontrollmechanismen der Konvention und die Implikationen, die sich aus der gestiegenen Mitgliederzahl des Europarats ergeben, haben zu dem Beschluß geführt, das System zu reformieren. Der erste Schritt zu einer solchen Reform war die Unterzeichnung des Protokolls No. 11 zur Europäischen Menschenrechtskonvention durch die Außenminister der 31 Mitgliedsstaaten des Europarates am 11. Mai 1994. Der nächste Schritt erfordert die Ratifizierung der Konvention durch alle Vertragsstaaten (bis Mai 1996 lagen 21 Ratifizierungen vor), womit ein neuer Kontrollmechanismus in Kraft treten wird; ein einziger permanenter Europäischer Menschenrechtsgerichtshof wird dann die gegenwärtigen Körperschaften (die Europäischen Menschenrechtskommission und den Europäischen Menschenrechtsgerichtshof) ersetzen. Das Ministerkomitee wird in diesem Prozeß keine Rolle mehr spielen. Die Rechtsprechung des Gerichtshofs in bezug auf individuelle und zwischenstaatliche Fälle wird dann obligatorisch sein.

69. Wie schützt der Europarat wirtschaftliche, soziale und kulturelle Rechte?

Diese Rechte wurden in der Europäischen Sozialcharta (1961) anerkannt, die am 26. Februar 1965 in Kraft trat. Unterzeichnerstaaten[61] verpflichten sich, „gemeinsam alle nur erdenklichen Anstrengungen zu unternehmen, um den Lebensstandard ihrer städtischen und ländlichen Bevölkerungen zu verbessern und deren soziales Wohlbefinden zu steigern, und zwar mittels angemessener Institutionen und Aktionen". Alle Unterzeichnerstaaten sind verpflichtet, dem Generalsekretär des Europarats alle zwei Jahre einen Bericht über die bei der Durchführung der Bestimmungen der Charta erzielten Fortschritte vorzulegen.

Im Juni 1995 wurde ein neues Protokoll angenommen, das es nach seinem Inkrafttreten den Sozialpartnern und nichtstaatlichen Organisationen ermöglichen wird, kollektive Beschwerden über vermeintliche Verletzungen der Charta beim Unabhängigen Expertenkomitee einzubringen.

Ziel der Maßnahme der kollektiven Beschwerde ist es, die Teilnahme der Industrie, aber auch der nichtstaatlichen Organisationen zu verstärken. Sie ist auch ein Beispiel für eine der zahlreichen Maßnahmen, die zur verbesserten Durchsetzung der in der Charta garantierten sozialen Rechte gesetzt wurden. Ein revidierter Entwurf einer Europäischen Sozialcharta wird derzeit vom Ministerkomitee diskutiert.

70. Welche anderen wichtigen Aktionsbereiche gibt es im Europarat?

Die Europäische Konvention zur Verhinderung von Folter und anderer grausamer, unmenschlicher oder erniedrigender Behandlung oder Strafe bietet eine nicht-gerichtliche Präventionsmaschinerie zum Schutz von Menschen, die ihrer Freiheit beraubt wurden. Es handelt sich dabei um systematische Überprüfungen und präventive Besuche durch Mitglieder eines unabhängigen Expertenkomitees, nämlich des Komitees für die Verhinderung der Folter. Das Komitee macht Empfehlungen (und kann schließlich auch eine öffentliche Erklärung abgeben) und legt dem Ministerkomitee jährliche Berichte vor.

Der Europarat mißt auch der Frage der Gleichberechtigung von Mann und Frau große Bedeutung bei. Das Leitungskomitee für die Gleichheit zwischen Männern und Frauen hat Maßnahmen zu Fragen der Gewalt gegen Frauen und Fragen der Prostitution gesetzt und als Ergebnis ausführlicher Analysen und Konferenzen konkrete Vorschläge erarbeitet. Im Jahr 1994 wurde das Konzept der „paritätischen Demokratie" ins Leben gerufen, mit dem Ziel, daß Frauen und Männer auf einer fünfzig-zu-fünfzig-Basis am Entscheidungsfindungsprozeß beteiligt sind.

Der Europarat ist auch auf dem Gebiet der Medien tätig. Ziel ist es, die Ausdrucks- und Informationsfreiheit und das Recht auf Erhalt und Weitergabe von Informationen über Grenzen hinweg zu stärken und zu fördern.

71. Wie schützt der Europarat die Rechte von Minderheiten?

Die im November 1994 angenommene Rahmenkonvention zum Schutz nationaler Minderheiten stellt das erste rechtsverbindliche multilaterale Instrument für den Schutz nationaler Minderheiten dar. Die Konvention (die im Feber 1992 zur Unterzeichnung aufgelegt wurde) deckt viele Bereiche ab, wie etwa das Recht auf freie Sprach- und Bildungswahl und die Teilnahme am öffentlichen Leben.

Darüber hinaus sind in der Europäischen Charta für Regional- und Minderheitensprachen, die im Juni 1992 angenommen wurde, Bildungs-, Verwaltungs- und legislative Vorschläge enthalten, die auf der zentralen Tatsache beruhen, daß das Recht auf Verwendung einer Minderheitensprache im privaten und öffentlichen Leben ein unveräußerliches Recht ist.

72. Bietet der Europarat den Mitgliedstaaten praktische Hilfe an?

Der Europarat bietet ein umfangreiches Programm von Hilfestellungen im Bereich der Menschenrechte an, und zwar durch das Demosthenes-Programm, das darauf abzielt, den Übergang zur Demokratie in den mittel- und osteuropäischen Ländern zu stärken und ihre Integration in den Europarat zu erleichtern. Zu den Aktivitäten dieses Programms zählt Hilfestellung bei der Einrichtung der wichtigsten politischen, rechtlichen und sozialen demokratischen Strukturen in den Bereichen von administrativen und gesetzgebenden Reformen, der Menschenrechte und der Herrschaft des Rechts. Einer der Schwerpunkte lag auf der Ausbildung von Anwälten, Richtern, Beamten und Medienmitarbeitern.

Das Menschenrechts-Informationszentrum des Europarats zeichnet auch verantwortlich für die Förderung des Bewußtseins um die Menschenrechte und für Berufsbildung, aber auch für die Bearbeitung aller Anforderungen von Menschenrechts-Dokumentationsmaterialien.

73. Welche Maßnahmen zum Schutz von Menschenrechten wurden von der Organisation für Afrikanische Einheit (OAU) gesetzt?[62]

Die Versammlung der Staats- und Regierungschefs beschloß am 26. Juni 1981 die Afrikanische Charta für Menschen- und Völkerrechte; sie ist im Oktober 1986 in Kraft getreten. Bis Mai 1996 ist sie von 50 der 53 OAU-Mitgliedstaaten ratifiziert worden.[63]

74. Welche Rechte schützt die Afrikanische Charta?

In der Charta finden sich mehrere Elemente, die sie von anderen durch die Charta der Vereinten Nationen und die Allgemeine Erklärung der Menschenrechte inspirierten regionalen Menschenrechtsinstrumenten unterscheidet. Als einzige umfaßt die Afrikanische Charta sowohl wirtschaftliche, soziale und kulturelle als auch bürgerliche und politische Rechte; sie will damit betonen, daß die beiden „Kategorien“ von Rechten unteilbar und wechselseitig voneinander abhängig sind. Außerdem fördert die Charta „Rechte von Völkern“ oder, anders gesagt, die kollektiven Rechte von Menschen als einer Gruppe. In engem Zusammenhang mit dem Prinzip der Völker-Rechte steht die Überzeugung, daß Menschen ihre Fähigkeiten nur als Mitglieder einer Gruppe voll entfalten können. Und als solche Mitglieder einer Gruppe haben die Menschen nicht nur Rechte, sondern auch Pflichten gegenüber der Gesellschaft; unter anderem die Verpflichtung gegenüber der Familie, die Verpflichtung, ihrer Arbeit bestmöglich nachzukommen und Steuern zu zahlen, und schließlich die Verpflichtung, sich nach besten Kräften für die afrikanische Einheit einzusetzen. Die Afrikanische Charta erlegt den Staaten die Verpflichtung auf, das Recht auf Entwicklung zu gewährleisten.

75. *Welche Möglichkeiten gibt es für die Durchsetzung der Charta?*

Im Jahr 1987 richtete die OAU eine Afrikanische Kommission für Menschen- und Völkerrechte ein, um die Rechte von Menschen und Völkern zu fördern und ihren Schutz in Afrika sicherzustellen. Diese Kommission besteht aus elf Mitgliedern, die aufgrund ihrer persönlichen Integrität und Kompetenz ausgewählt werden und ihre Aufgaben in persönlicher Eigenschaft und nicht als Vertreter ihrer Regierungen ausüben. Die Kommission hat zahlreiche Aufgaben, zu denen der Schutz der in der Charta niedergelegten Rechte und die Förderung von Diskussion und Entwicklung dieser Rechte zählen.

76. *Wie erfüllt die Afrikanische Kommission diese Aufgaben?*

Die Afrikanische Kommission prüft die periodischen Berichte der Mitgliedstaaten über die Einhaltung der Bestimmungen der Charta und stellt den Dialog mit Staatenvertretern mit dem Ziel her, die Staaten zur Einhaltung ihrer Menschenrechts-Verpflichtungen zu ermutigen.

1994 setzte die Kommission einen Sonderberichterstatter über außergerichtliche Hinrichtungen ein. Seine vordringlichste Aufgabe war es, Studien über die Situation in Ruanda und über außergerichtliche Hinrichtungen von Kindern in Afrika zu unternehmen und der Kommission darüber zu berichten.

77. *Können Staaten oder Einzelpersonen bei der Kommission Beschwerden über Rechtsverletzungen einbringen?*

Die Charta sieht als einziges derartiges Instrument vor, daß alle Vertragsstaaten automatisch die Zuständigkeit der Kommission zur Entgegennahme von Beschwerden über vermeintliche Verletzungen von in der Charta festgelegten Verletzungen anerkennen. Solche Beschwerden können sowohl von Vertragsstaaten als auch von Einzelpersonen und nichtstaatlichen Organisationen eingebracht werden, vorausgesetzt, daß der Verletzende die Charta ratifiziert hat.[64] Der gesamte Vorgang ist vertraulich, doch wird eine Zusammenfassung der untersuchten Fälle in dem Jahresbericht der Kommission veröffentlicht.[65] Die Kommission erstellt einen Bericht über Fakten, Ergebnisse und Empfehlungen, der an den betroffenen Staat und an die Versammlung der Staats- und Regierungschefs der OAU übermittelt wird, die entscheiden kann, die Ergebnisse zu veröffentlichen.[66]

78. *Wie fördert die Kommission die in der Charta geforderten Rechte?*

Die Aufgabe, die in der Afrikanischen Charta niedergelegten Rechte zu fördern, ist in Artikel 45 der Charta festgehalten. In Ausübung dieser Aufgabe hat die Kommission ein Programm von Workshops und Kolloquien entwickelt, die häufig in Zusammenarbeit mit nichtstaatlichen Organisationen durchgeführt werden. Sie hat auch in Banjul, Gambia, ein Dokumentationszentrum eingerichtet und veröffentlicht eine Zeitschrift mit dem Titel African Review of Human Rights.

Die Kommission veröffentlicht auch erläuternde Kommentare

über einzelne Bestimmungen der Charta mit dem Ziel, „juristische Probleme im Zusammenhang mit Menschen- und Völkerrechten zu lösen, die afrikanischen Regierungen als Grundlage ihrer Gesetzgebung dienen können". Solche Kommentare wurden zu Themen wie das Recht auf ein faires Gerichtsverfahren und die Achtung des humanitären Rechts verfaßt.

79. Welche neuen Initiativen setzt die OAU?

Im Juni 1993 hat die OAU einen Mechanismus für Konfliktvorbeugung, -management und -lösung eingesetzt, der sich der Bewältigung dieser Probleme in Afrika widmen soll. Darüber hinaus wurde der Generalsekretär in einer von der Versammlung der Staats- und Regierungschefs bei ihrem 30. Gipfeltreffen in Tunis verabschiedeten Resolution aufgefordert, ein Expertentreffen einzuberufen, das Statuten für einen Afrikanischen Gerichtshof für Menschen- und Völkerrechte erarbeiten soll.

80. Welche Maßnahmen wurden von der Organisation Amerikanischer Staaten (OAS)[67] zum Schutz der Menschenrechte ergriffen?

Die 1890 ins Leben gerufene OAS, der mehr als 30 Staaten der westlichen Hemisphäre angehören,[68] stellt den Rahmen für die Inter-Amerikanische Kommission für Menschenrechte dar, die Menschenrechtsverletzungen untersucht. Diese Kommission wurde 1959 eingerichtet; ihre Ziele sind „Förderung der Einhaltung und des Schutzes der Menschenrechte" und die Funktion als Beratungsorgan der OAS in diesen Angelegenheiten. Sie nimmt Eingaben über vermeintliche Verletzungen von Menschenrechten entgegen und führt Untersuchungen durch, sei es durch die Entsendung von Missionen, Durchführung von Länderstudien oder Reagieren auf individuelle Beschwerden. Wenn die Kommission Berichte über bedeutende Menschenrechtsverletzungen erhält, kann sie eine Überprüfung der Lage durchführen. Das beinhaltet eine Untersuchung der Fakten, Zeugeneinvernahmen und Beratungen mit der betroffenen Regierung. Danach kann sie von der Regierung die Zustimmung zu einem Besuch im Lande beantragen.[69] Die Kommission kann auch eine Vor-Ort-Untersuchung – über Antrag der OAS oder einer Regierung – durchführen und auf eigene Initiative eine Überprüfung des Zustands der Menschenrechte in jedem Mitgliedsstaat der OASD vornehmen und Sonderberichte vorbereiten.

Beschwerden von Einzelpersonen über angebliche Verletzungen des Rechtes auf Leben, auf Freiheit und persönliche Sicherheit, auf Gleichheit vor dem Gesetz, auf ein gerechtes Gerichtsverfahren, auf Meinungs- und Religionsfreiheit und auf Freiheit vor ungerechtfertigter Verhaftung können an die Kommission gerichtet werden. Damit ein solcher Vorgang stattfinden kann, müssen Staaten kein eigenes Abkommen schließen. Wenn die Kommission die Beschwerden für gerechtfertigt hält, kann sie zugunsten des einzelnen bei der betroffenen Regierung aktiv werden; der Regierung wird die Identität des Einschreiters nicht preisgegeben. Die Kommission legt der Versammlung der OAS einen jährlichen Bericht vor.

Die Amerikanische Menschenrechtskonvention des Jahres 1969 trat im Juli 1978 in Kraft.[70] Unter dieser Konvention wurde in Costa Rica ein Interamerikanischer Gerichtshof für Menschenrechte eingerichtet. Artikel 62 der Konvention sieht vor, daß sich die Rechtsprechung des Gerichtshofs auf alle Vertragsstaaten erstreckt, die durch Abgabe einer Erklärung oder eines speziellen Übereinkommens die Rechtsprechung des Gerichtshofs als verbindlich anerkannt haben. Bis Jänner 1994 haben 17 Staaten eine solche Erklärung abgegeben.

Ein Zusatzprotokoll zur Amerikanischen Konvention über wirtschaftliche, soziale und kulturelle Rechte („Protokoll von San Salvador“) wurde 1988 beschlossen. Es wird in Kraft treten, sobald elf Staaten ihre Ratifizierungsurkunden hinterlegt haben werden.[71]

81. Welche anderen zwischenstaatlichen Organisationen befassen sich im Rahmen ihrer Aktivitäten mit Menschenrechtsfragen?

Die Organisation für Sicherheit und Zusammenarbeit in Europa (OSZE) nahm ihre Tätigkeit in den siebziger Jahren, damals unter der Bezeichnung Konferenz über Sicherheit und Zusammenarbeit in Europa (KSZE), als ein multilaterales Forum des Dialogs und der Verhandlung zwischen Ost und West auf. In den Schlußakten von Helsinki, die 1975 unterzeichnet wurden, einigten sich die teilnehmenden Staaten[72] über grundsätzliche Verhaltensweisen der Staaten und Regierungen gegenüber ihren Staatsbürgern. Die Staaten kamen auch überein, die Weiterentwicklung des KSZE-Prozesses in folgenden drei Hauptbereichen zu fördern: Fragen der Sicherheit in Europa; Zusammenarbeit in den Bereichen Wirtschaft, Wissenschaft und Technologie sowie Umwelt; Zusammenarbeit in humanitären und anderen Fragen. Im Rahmen mehrerer Folgetreffen haben sich die teilnehmenden Staaten zur Einhaltung bestimmter Standards und Normen in Menschenrechtsfragen verpflichtet, wie etwa hinsichtlich der Behandlung von Minderheiten, der Vermeidung von Folter, des Schutzes der Meinungsfreiheit oder der Abschaffung der Todesstrafe.

Im Rahmen der OSZE reagiert der Hochkommissar für Nationale Minderheiten in einem möglichst frühen Stadium auf ethnische Spannungen, die die Gefahr in sich bergen, zu einem Konflikt in der OSZE-Region zu eskalieren. Das Büro für Demokratische Institutionen und Menschenrechte (ODIHR) fördert Menschenrechte, Demokratie und Rechtsstaatlichkeit, indem es ein Forum bietet, in dem die Staaten an ihre im Bereich der Menschenrechte eingegangenen Verpflichtungen erinnert werden können. Das ODIHR bietet den Rahmen für den Informationsaustausch bei der Einrichtung demokratischer Institutionen und koordiniert die Überwachung von Wahlen. Der amtierende Vorsitzende, der für durchführende Aktivitäten in der OSZE zuständig ist, kann persönliche Vertreter mit der Untersuchung spezifischer Menschenrechtssituationen beauftragen.

82. *Gibt es Bestrebungen, andere Regionalsysteme ins Leben zu rufen?*

Vorschläge und Anregungen für die Schaffung regionaler Institutionen für den Schutz und die Förderung der Menschenrechte werden derzeit in Staaten Asiens und der pazifischen Region sowie des Nahen Ostens und des British Commonwealth erörtert.

83. Welche Rolle spielen die Nichtstaatlichen Organisationen (NGOs) für die Förderung der Menschenrechte?

Die Rolle der NGOs bei der Förderung der Menschenrechte auf internationaler, regionaler und nationaler Ebene ist weitgehend unumstritten und von der internationalen Staatengemeinschaft anerkannt. NGOs leisten einen wesentlichen Beitrag zum Menschenrechtsprogramm der Vereinten Nationen. Sie dienen als einzigartige Informationsquellen; sie helfen bei der Festmachung und Erarbeitung neuer internationaler Rechtsinstrumente; sie versuchen, Opfern von Menschenrechtsverletzungen zu helfen: Und sie spielen eine wichtige Rolle in der Menschenrechtserziehung, insbesondere im informellen Bereich.

Es gibt zahlreiche internationale und nationale NGOs, die auf dem Gebiet der Menschenrechte intensive Aktivitäten entfalten. Eine der berühmtesten ist Amnesty International, 1961 gegründet. Seither ist das Logo der Organisation – eine von Stacheldraht umwickelte brennende Kerze – weltweit bekannt. Im Jahr 1977 erhielt Amnesty International für seine unermüdlichen Aktivitäten im Dienste der Rede-, Religions- und Glaubensfreiheit, der Freilassung politischer Häftlinge und des Kampfes gegen Folter und Diskriminierung den Nobelpreis.

Die Weltkonferenz für Menschenrechte (1993) anerkannte die bedeutende Rolle der nichtstaatlichen Organisationen für die Förderung aller Menschenrechte und für humanitäre Aktivitäten auf nationaler, regionaler und internationaler Ebene. Die Konferenz brachte auch ihre Anerkennung für den Beitrag zur Stärkung des öffentlichen Bewußtseins für Menschenrechtsfragen, für die Durchführung von Bildung, Ausbildung und Forschung in diesem Bereich und für die Förderung und den Schutz aller Menschenrechte und Grundfreiheiten zum Ausdruck. Die Weltkonferenz für Menschenrechte hob auch die Bedeutung eines fortgesetzten Dialogs und der Zusammenarbeit zwischen Regierungen und nichtstaatlichen Organisationen hervor und betonte, daß NGOs und ihre Menschenrechtsaktivisten jene Rechte und Freiheiten genießen sollten, die in der Allgemeinen Erklärung der Menschenrechte enthalten sind, wie auch den Schutz durch die nationalen Gesetzgebungen.[73]

84. Welches sind die wesentlichsten Voraussetzungen für die Durchsetzung der Menschenrechte?

Die wirksame Durchsetzung der Menschenrechte setzt voraus, daß die Menschen sich ihrer eigenen Menschenrechte und der Rechte des anderen bewußt sind; nur dann können sie deren Durchsetzung und Schutz verlangen. Daher ist das Wissen um die Menschenrechte und um Mittel zu ihrem Schutz eine unumgängliche Voraussetzung für die Gewährleistung und Beachtung dieser Rechte.

85. Welche Maßnahmen haben die Vereinten Nationen ergriffen, um vermehrtes Wissen über Menschenrechte zu gewährleisten?

Im Hinblick auf die Wichtigkeit von Informationen über Menschenrechte hat die Generalversammlung der Vereinten Nationen mehrere Resolutionen verabschiedet. Am 10. Dezember 1988 wurde mit Resolution 43/128 der Generalversammlung der Vereinten Nationen eine Weltkampagne für die Information der

Öffentlichkeit über Menschenrechte ins Leben gerufen. Ziel dieser Kampagne ist es, weltweite und praxis-orientierte Informationsprogramme zu erarbeiten. Zu den wichtigsten Merkmalen solcher Programme zählen: Produktion und Verbreitung von gedruckten Materialien über Menschenrechte, die Veranstaltung von Workshops und Seminaren, die Vergabe von Stipendien und die Schaffung von nationalen Menschenrechtseinrichtungen. Besondere Bedeutung wurde auch den Medien beigemessen, um das öffentliche Bewußtsein für die Menschenrechte zu stärken.

Der Bedarf an klar formulierten und leicht zugänglichen Informationen über Menschenrechte, „maßgeschneidert" für regionale und nationale Bedürfnisse und in nationalen und lokalen Sprachen verbreitet, wurde von der Generalversammlung betont. Die Mitgliedstaaten wurden dringend aufgefordert, in die Lehrpläne Materialien aufzunehmen, die ein umfassendes Verständnis für Menschenrechtsfragen vermitteln können; die für die Ausbildung von Exekutivbeamten, Angehörigen der Streitkräfte, ärztlichem Personal, Diplomaten etc. Verantwortlichen wurden eingeladen, in ihre Ausbildungsprogramme relevante Menschenrechtsaspekte miteinzubeziehen.

Alle zwei Jahre legt der Generalsekretär einen Bericht über die Aktivitäten im Rahmen der Kampagne vor; Resolutionen über die Fortschreibung ihrer Ziele wurden von den Generalversammlungen der Jahre 1990 (45/99), 1992 (47/128) und 1994 (49/187) beschlossen.

Das UN-Zentrum für Menschenrechte koordiniert die Aktivitäten der Weltkampagne innerhalb des Systems der Vereinten Nationen und stellt auch die Beziehungen zu Regierungen, regionalen und nationalen Institutionen sowie interessierten Einzelpersonen im Hinblick auf die Entwicklung und Durchführung der zahlreichen Menschenrechtsaktivitäten her.

86. *Welche Aktivitäten hat die UNESCO in jüngster Zeit im Bereich Menschenrechtserziehung durchgeführt?*

Im März 1993 veranstalteten die UNESCO und das UN-Zentrum für Menschenrechte in Zusammenarbeit mit der Kanadischen

UNESCO-Kommission einen Internationalen Kongreß über Erziehung zu Menschenrechten und Demokratie in Montreal/ Kanada. Der Welt-Aktionsplan für Erziehung zu Menschenrechten und Demokratie, der von dem Kongreß beschlossen wurde, betont, daß Erziehung zu Demokratie ein integraler Aspekt der Erziehung zu Menschenrechten sei, und hält fest, daß „Erziehung für Menschenrechte und Demokratie als solches ein Menschenrecht und eine Voraussetzung für die Verwirklichung der Menschenrechte, der Demokratie und sozialer Gerechtigkeit" darstelle. Der Aktionsplan umschreibt die Mittel und Wege, mit deren Hilfe Erziehung zu Menschenrechten und Demokratie weltweit wirksam und umfassend gestaltet werden können. Die im Plan aufgezählten wichtigsten Aktionsformen umfassen u.a. die Feststellung von Zielgruppen, die Entwicklung angemessener Lehrpläne, Forschung im Bereich Erziehung zu Menschenrechten und Demokratie, die Revision von Lehrbüchern mit dem Ziel der Beseitigung von Stereotypen, die Schaffung von Lehrer-Netzwerken, die Erhöhung von Mitteln für die Erziehung zu Menschenrechten und Demokratie und die Entwicklung von kosten-effizienten und nachhaltigen Bildungsprogrammen. Der Plan beschreibt auch Hindernisse, die es im Bereich der Menschenrechtserziehung zu überwinden gilt. Das „Beratungskomitee für Erziehung zu Frieden, Menschenrechten und Demokratie“, das im Dezember 1994 eingesetzt wurde und sich aus 12 hochrangigen Experten aus allen Regionen der Welt zusammensetzt, ist eingeladen, Empfehlungen für die Durchführung von UNESCO-Instrumenten vorzulegen und Aktivitäten zu fördern, die eine Förderung der Erziehung zu Menschenrechten, Demokratie und Frieden auf nationaler, regionaler und weltweiter Ebene zum Ziel haben.

87. *Auf welche Weise trägt die internationale Gemeinschaft zur Menschenrechtserziehung bei?*

Die Wiener Deklaration und das Aktionsprogramm (1993) ermutigten Staaten – unter Berücksichtigung des Weltplans für Erziehung zu Menschenrechten und Frieden – dazu, den Analphabetismus zu beseitigen, Menschenrechte, humanitäre Gesetzgebung, Demokratie und die Herrschaft des Rechts in alle Lehrpläne des formalen und nicht-formalen Unterrichtswesens einzubeziehen und Programme zu entwickeln, mit deren Hilfe die Öffentlichkeit möglichst umfassend informiert werden kann; dabei finden die Menschenrechtsbedürfnisse von Frauen besondere Beachtung. Menschenrechtserziehung ist integraler Bestandteil bestimmter friedensstiftender Maßnahmen der Vereinten Nationen, wie etwa in El Salvador und Kambodscha.

In ihrer Resolution 1994/51 forderte die Menschenrechtskommission, daß die Generalversammlung die am 1. Januar 1995 beginnende Zehnjahresperiode zum Jahrzehnt der Menschenrechtserziehung proklamiere. Mit der am 21. Dezember 1994 verabschiedeten Resolution 49/184 beschloß die Generalversammlung der Vereinten Nationen, mit 1. Januar 1995 die UN-Dekade für Menschenrechtserziehung zu starten.

Die Zielsetzungen der Dekade (1995-2004) sind im Aktionsplan festgeschrieben und umfassen unter anderem:

(a) Die Feststellung von Bedürfnissen und die Formulierung von wirksamen Strategien für die Förderung von Menschenrechtserziehung auf allen schulischen Ebenen, in der Berufsbildung und im formalen und nicht-formalen Unterricht.

(b) Einrichtung und Stärkung von Programmen und Kapazitäten für Menschenrechtserziehung auf internationaler, regionaler, nationaler und lokaler Ebene.

(c) Koordinierte Entwicklung von Materialien für Menschenrechtserziehung.

(d) Stärkung der Rolle und Kapazität der Massenmedien für die Förderung des Menschenrechtsunterrichts.

(e) Weltweite Verbreitung der Allgemeinen Erklärung der Menschenrechte in einer größtmöglichen Anzahl von Sprachen und in anderen geeigneten Formen für verschiedene Stufen der Alphabetisierung und für Behinderte.

Die Generalversammlung rief alle Regierungen auf, „zur Durchführung des Aktionsplans beizutragen und ihre Bemühungen zur Beseitigung des Analphabetismus zu verstärken und die Erziehung auf die volle Entwicklung der menschlichen Persönlichkeit und die Stärkung der Achtung der Menschenrechte und Grundfreiheiten" hin zu orientieren; staatliche und nichtstaatliche Bildungseinrichtungen wurden aufgefordert, ihre Bemühungen um die Einrichtung und Durchsetzung von nationalen Strategien in diesem Bereich zu intensivieren. Der UN-Hochkommissar für Menschenrechte wurde beauftragt, die Durchsetzung des Aktionsplans zu koordinieren. Das Zentrum für Menschenrechte des Sekretariats und die Kommission für Menschenrechte sollten in Zusammenarbeit mit Kontrollinstanzen für die Einhaltung von Menschenrechtsverträgen, mit anderen einschlägigen Institutionen und fachlich zuständigen nichtstaatlichen Organisationen seine Bemühungen unterstützen. Sonderorganisationen und Programme der Vereinten Nationen wurden eingeladen, in ihren jeweiligen Zuständigkeitsbereichen an der Durchsetzung des Aktionsplans mitzuarbeiten.

Die Generalversammlung appellierte an internationale, regionale und nationale nichtstaatliche Organisationen, insbesondere solche, die sich mit Frauen-, Arbeits-, Entwicklungs- und Umweltfragen beschäftigen, aber auch an andere gesellschaftliche Gruppierungen, Menschenrechts-Anwälte, Erzieher, religiöse Organisationen und an die Medien, ihre Bemühungen in Sachen formaler und nicht-formaler Menschenrechtserziehung zu verstärken.

TEIL II

DIE ALLGEMEINE ERKLÄRUNG DER MENSCHENRECHTE

Was die einzelnen Artikel bedeuten

Die ersten 21 Artikel der Erklärung umfassen größtenteils jene Rechte, die als bürgerliche und politische Rechte bezeichnet werden, und betreffen die Freiheit und körperliche Sicherheit des einzelnen.

Artikel 1 – Alle Menschen sind frei und gleich an Würde und Rechten geboren. Sie sind mit Vernunft und Gewissen begabt und sollen einander im Geiste der Brüderlichkeit begegnen.

- *Bedeutet das, daß alle Menschen gleich sind?*

„Frei" geboren zu sein, bedeutet auch, daß alle Menschen ein gleiches Recht auf Freiheit haben; aber wir alle wissen, daß die Menschen im Verlauf ihres Lebens von wirtschaftlichen und sozialen, aber auch von bürgerlichen und politischen Restriktionen betroffen sind. Es gibt keine totale Freiheit, und die Freiheit des einen kann nicht auf Kosten der Unfreiheit des anderen gehen. Freiheit kann daher nicht mit Anarchie gleichgesetzt werden.

„Gleich" bedeutet nicht, daß Menschen identisch oder auch nur ähnlich in bezug auf physische oder geistige Fähigkeiten, Begabungen und Charaktereigenschaften sind. Es ist vielmehr jedes Individuum anders als jedes andere Individuum, und die Unterschiede zwischen Individuen innerhalb einer gesellschaftlichen oder kulturellen Gruppe können größer sein als die Unterschiede zwischen Individuen unterschiedlicher gesellschaftlicher und kultureller Gruppen. Es gibt keine wie immer geartete Rechtfertigung für eine hierarchische Ordnung von Gruppen unter dem Gesichtspunkt intellektueller oder kultureller Eigenschaften oder genetischen Potentials. Diskriminierung und Verweigerung aus Gründen von „Rasse" oder anti-soziale Überzeugungen von der angeborenen Ungleichheit zwischen verschiedenen sozialen oder ethnischen Gruppen entbehren jeglicher wissenschaftlichen Grundlage. Die Verweigerung der Möglichkeit zur vollen Entfaltung ihres Potentials als Individuen gegenüber Personen, egal welchen Gruppen sie angehören mögen, stellt eine grobe Ungerechtigkeit und eine Beschneidung ihrer Gleichheit an Rechten und Würde dar. Um eine Gleichbehandlung aller Menschen möglich zu machen, ruft dieser Artikel die Verpflichtung jedes einzelnen in Erinnerung, andere Menschen in einem „Geist der Brüderlichkeit" zu behandeln, das heißt als einen Mitmenschen mit gleichen Rechten und gleicher Würde.

Gelebte Toleranz ist die Grundlage, auf der Menschen friedlich im „Geist der Brüderlichkeit" zusammenleben können. Um dieses Prinzip zu fördern, hat die Generalversammlung der Vereinten Nationen 1995 zum UN-Jahr der Toleranz erklärt. Sie stellte fest: „Toleranz – die Anerkennung und Wertschätzung für andere, die Fähigkeit, mit anderen zusammenzuleben und ihren zuzuhören – ist die tragfähige Basis jeglicher zivilen Gesellschaft und des Friedens."[74] Die UNESCO, die die Initiative für das Jahr gesetzt hatte, wurde eingeladen, die Führungsrolle zu übernehmen.

Artikel 2 – Jeder Mensch hat Anspruch auf die in dieser Erklärung verkündeten Rechte und Freiheiten ohne irgendeine Unterscheidung, wie etwa nach Rasse, Farbe, Geschlecht, Sprache, Religion, politischer oder sonstiger Überzeugung, nationaler oder sozialer Herkunft, nach Eigentum, Geburt oder sonstigen Umständen. Weiters darf keine Unterscheidung gemacht werden aufgrund der politischen, rechtlichen oder internationalen Stellung des Landes oder Gebietes, dem eine Person angehört, ohne Rücksicht darauf, ob es unabhängig ist, unter Treuhandschaft steht, keine Selbstregierung besitzt oder irgendeiner anderen Beschränkung seiner Souveränität unterworfen ist.

Artikel 7 – Alle Menschen sind vor dem Gesetz gleich und haben ohne Unterschied Anspruch auf gleichen Schutz durch das Gesetz. Alle haben Anspruch auf gleichen Schutz gegen jede unterschiedliche Behandlung, welche die vorliegende Erklärung verletzen würde, und gegen jede Aufreizung zu einer derartigen unterschiedlichen Behandlung.

Diese beiden Artikel enthalten die leitenden Grundsätze des Kampfes gegen Diskriminierung, Prinzipien, die die gesamte Erklärung durchziehen und in der Tat den wesentlichen Grundsatz des Schutzes der Menschenrechte darstellen. Artikel 2 betrifft die Nichtdiskriminierung bei der Anwendung der Erklärung, während Artikel 7 die Nichtdiskriminierung bei der Anwendung der Gesetze im allgemeinen, also im wesentlichen die innerstaatliche Gesetzgebung betrifft. Artikel 7 fordert, daß es Teil der Verpflichtung aller Staaten ist, dafür zu sorgen, daß in ihrem Rechtssystem keinerlei Unterscheidung im Hinblick auf die in Artikel 2 festgelegten Kriterien gemacht wird. Der gleiche Schutz vor dem Gesetz verpflichtet auch die Vollzugsorgane, also etwa Justiz- und Polizeibeamte, und fordert ein System, in dem alle Menschen Zugang zu Rechtsbeistand haben. Darüber hinaus sind Staaten verpflichtet, alle Minderheiten gegen jegliche Form der Diskriminierung unter Verletzung der Bestimmungen der Allgemeinen Erklärung der Menschenrechte zu schützen. Das bedeutet auch, daß es ungesetzlich ist, solche Diskriminierung „anzustacheln", also andere dazu zu ermutigen, diskriminierende Maßnahmen zu setzen.

Das Menschenrechtskomitee (siehe auch Teil I, Fragen 13-16) wies in seiner Interpretation des entsprechenden Artikels im Internationalen Pakt über bürgerliche und politische Rechte darauf hin, daß das Leben von Rechten und Freiheiten auf gleichberechtigter Ebene nicht in allen Fällen gleiche Behandlung bedeutet; so sollen etwa jugendliche Straftäter von Erwachsenen getrennt werden. Das Komitee verwies auch darauf, daß die Vertragsstaaten gehalten sind, positive Maßnahmen zu ergreifen, durch die Bedingungen erleichtert oder abgeschafft werden, die dazu beitragen könnten, eine im Pakt untersagte Diskriminierung (Allgemeiner Kommentar No. 18) zu verursachen oder fortzusetzen.

- *Auf welche Weise haben Menschen versucht, rassische Diskriminierung zu rechtfertigen?*

Die Internationale Konvention zur Eliminierung jeglicher Form der rassischen Diskriminierung (siehe auch Teil I, Fragen 25 und 26) definiert rassische Diskriminierung als „jegliche Unterscheidung, Ausschließung oder Bevorzugung aufgrund von Rasse, Hautfarbe, Herkunft oder aufgrund nationalen oder ethnischen Ursprungs, die zum Ziel oder Zweck hat, die gleichberechtigte Anerkennung, den Genuß und die Ausübung von Menschenrechten und Grundfreiheiten in politischen, wirtschaftlichen, sozialen, kulturellen oder anderen Bereichen des öffentlichen Lebens zu beseitigen oder zu beeinträchtigen.

Die Praktiken des Rassismus und der rassischen Diskriminierung beruhen im wesentlichen auf Vorstellungen der Über- und Unterlegenheit rassischer oder ethnischer Gruppen. Auf sie beruft man sich, um Knechtschaft, ja sogar die Eliminierung „geringerer" Wesen zu rechtfertigen. Die UNESCO-Deklaration über Rasse und rassische Vorurteile aus dem Jahr 1978 stellt fest, daß solche Theorien „keinerlei wissenschaftliche Grundlagen haben und in Widerspruch zu den moralischen und ethnischen Grundsätzen der Menschheit stehen (Artikel 2, para.1). Rassismus und Diskriminierung aufgrund rassischer oder ethnischer Abstammung sind aber auch heute noch eines der schwerwiegenden Probleme unserer Zeit und manifestieren sich auf unterschiedliche Weise.

In der ersten Hälfte unseres Jahrhunderts wurden wir Zeugen der Auswirkungen der antisemitischen rassistischen Theorien, die im Versuch der Nazis gipfelte, die Juden auszurotten; aber es gab auch andere Verbrechen gegen die Menschlichkeit, die von totalitären Regimen begangen wurden.

Gegen Ende des Jahrhunderts wurde die Menschheit Zeuge der „ethnischen Säuberung" im ehemaligen Jugoslawien und des systematischen Massenmordes an Tutsis in Ruanda. Dies sind nur zwei von laufend vorkommenden Fällen von Brutalität, die in allen Teilen der Welt im Zuge ethnischer oder rassischer Konflikte begangen werden.

In früheren Jahrhunderten bedienten sich viele mächtige europäische und andere Nationen als Teil ihrer kolonialen und imperialen Expansionsbestrebungen schädlicher Strategien rassischer Überlegenheit und Diskriminierung gegenüber unterworfenen Völkern, darunter eingeborenen Völkern. Mit neuem Gesicht zeigen sich diese Gefühle von Rassismus und Fremdenhaß heute in europäischen Staaten. Millionen von Gastarbeitern, Flüchtlingen und heimatlosen Menschen sowie andere Ausländer, aber auch Angehörige nationaler, ethnischer, religiöser und sprachlicher Minderheiten in Europa und in einigen anderen Kontinenten, erfahren diskriminierende Einstellungen, von Vorurteilen ausgelöste Gewalt und Ausbeutung. Extreme politische Gruppen des rechten Flügels weisen wachsende Mitgliederzahlen auf, propagieren einen militanten Rassismus und extremen Nationalismus.

In vielen ehemaligen Kolonialstaaten haben sich diskriminieren-

FREIHEIT! GERECHTIGKEIT! WÜRDE! FRIEDEN!
WIE WIRD DAS NUR WERDEN, WENN ER ERST ERWACHSEN IST?
PLANTA

de Praktiken als Erbe der Vergangenheit in den Verhaltensmustern von Diskriminierung und der Perpetuierung herrschender politischer, wirtschaftlicher und sozialer Strukturen festgesetzt. Ehemalige Opfer rassistischer Praktiken haben sich selbst rassistische Doktrinen zugestanden, die ihre frühere Suche nach Freiheit verdunkeln.

Das System der Apartheid mit seiner institutionalisierten Rassentrennung als Sonderform von Rassismus und rassischer Diskriminierung bestand bis vor kurzem in Südafrika. Der erste Schritt zu einer demokratischen Gesellschaft fand im Februar 1990 statt, als Präsident de Klerk den Bann gegen die verbotenen Parteien aufhob; daraufhin wurde Nelson Mandela nach 27 Jahren aus der Haft entlassen und die Gesetzgebung zur Aufhebung der Apartheid beschlossen. 1991 wurde ein aus Vertretern von 18 politischen Organisationen, unter ihnen auch die damals regierende südafrikanische Regierung, bestehendes Forum installiert, das die politischen Grundlagen für die Zeit nach der Apartheid erarbeiten sollte. Im Jahr darauf beschloß eine nur unter Weißen abgehaltene Volksabstimmung die Abschaffung der Apartheid, womit der Weg für eine gleichberechtigte Teilnahme aller Südafrikaner am demokratischen Prozeß freigemacht wurde. Im April 1994 fand eine Vielparteienwahl auf der Grundlage des allgemeinen Wahlrechts statt, die zur Bestellung einer für fünf Jahre bestimmten Übergangsregierung unter einem Präsidenten Nelson Mandela führte.

Es darf nicht unerwähnt bleiben, daß internationale Organisationen, an vorderster Front die Vereinten Nationen und ihre Sonderorganisationen, eine wichtige Rolle bei der Abschaffung der Apartheid gespielt haben.

Artikel 3 – Jeder Mensch hat das Recht auf Leben, Freiheit und Sicherheit der Person.

- *Ist es Pflicht des Staates, diese Rechte zu gewährleisten?*

Wenngleich die Gewährleistung dieser Rechte Aufgabe des Staates ist, sind es gerade die Regierungen mancher Länder in vielen Teilen der Welt, die sich der Verletzung dieser Rechte schuldig machen. In

den letzten Jahren gab es zahlreiche Beispiele für den Tod von Anhaltehäftlingen und das spurlose Verschwinden von Personen. Heute legen die Vereinten Nationen regelmäßig Berichte über erzwungenes oder unfreiwilliges Verschwinden und willkürliche und außergerichtliche Hinrichtungen in vielen Ländern der Welt vor. Es gibt keinen Hinweis darauf, daß sich die Gesamtzahl von Menschen, die Opfer solcher Praktiken geworden sind, verringert hätte. Neben der Folter stellen diese Praktiken die schwersten Formen von Menschenrechtsverletzungen dar; sie erfordern die unermüdliche Aufmerksamkeit der Weltgemeinschaft.
In manchen Fällen geht die Verletzung des Rechts auf Leben sogar so weit, daß Menschen mit der Absicht getötet oder geistig gequält werden, eine nationale, ethnische, rassische oder religiöse Gruppe ganz oder teilweise zu vernichten. Solche Akte nennt man Völkermord, sie stellen ein internationales Verbrechen im Sinn der Internationalen Konvention zum Schutz und zur Bestrafung des Verbrechens des Völkermords dar (siehe auch Teil I, Frage 23).

- *Wie steht es mit dem Recht auf Leben, wenn die Gesetze eines Staates die Vernichtung menschlichen Lebens durch die Todesstrafe zulassen?*

In vielen Ländern gibt es noch die Todesstrafe, weil man der Meinung ist, daß sie eine gerechte Strafe für Mord sei und daß sie abschreckend auf andere Menschen wirke, die in Versuchung kommen könnten, ähnliche Verbrechen zu begehen. Es gibt keine stichhaltigen Hinweise dafür, daß die Todesstrafe eine abschrekkende Wirkung hat. Dazu kommt, daß allfällige Irrtümer nicht korrigiert werden können und daß viele Fälle bekannt sind, in denen unschuldige Menschen hingerichtet wurden – und das trotz gewissenhafter Prozeßführung.

Die öffentliche Meinung für oder gegen die Todesstrafe ändert sich mit den Umständen. Nach einem Justizirrtum oder aufgrund von Exzessen eines repressiven Regimes lehnen Menschen in manchen Fällen die Todesstrafe ab, während ein einziges schlimmes Verbrechen oder das Auftreten „neuer" Verbrechen, wie etwa Flugzeugentführungen, politischer Terrorismus oder Kidnapping, die gegenteilige Wirkung haben können. Die Ansichten über die

Todesstrafe unterliegen starken emotionalen Faktoren. Auch erlassen Staaten bisweilen Gesetze, die ihren momentanen Bedürfnissen entsprechen. „Notstand“ oder „Belagerungszustand“ beinhalten häufig Vorkehrungen für die Verhängung der Todesstrafe, die von Militärgerichten oder auf Regierungsbeschluß zur Anwendung kommen kann. Die Menschenrechtskommission (siehe auch Teil I, Frage 50) hat eine Studie über die Gefahren einer solchen Gesetzgebung für die Menschenrechte durchgeführt.

Die Todesstrafe wird und wurde häufig von repressiven Regimen als Werkzeug zur Unterdrückung jeglicher Opposition und als Mittel zur Aufrechterhaltung sozialer Ungerechtigkeit und rassistischer Politik verwendet.

- *Gibt es internationale Rechtsinstrumente zur Abschaffung der Todesstrafe?*

Die Anerkennung der Tatsache, daß es sich bei dieser Frage um ein Problem des internationalen Menschenrechts handelt, spiegelt sich in internationalen und regionalen Instrumenten wider, die ihre Abschaffung zum Inhalt haben. Es sind dies: das Zweite Fakultativprotokoll zum Internationalen Pakt über bürgerliche und politische Rechte (1989, siehe Teil I, Frage 11, der die Liste der Vertragsstaaten enthält); das Protokoll zur Amerikanischen Menschenrechtskonvention, die von der Organisation Amerikanischer Staaten im Jahr 1990 beschlossen wurde;[75] und schließlich Protokoll No. 6 zur Europäischen Menschenrechtskonvention, vom Europarat 1983 verabschiedet und 1985 in Kraft getreten.[76] Diese Instrumente sind in allen Ländern anwendbar, die sie ratifiziert haben.

Artikel 4 – Niemand darf in Sklaverei oder Leibeigenschaft gehalten werden; Sklaverei und Sklavenhandel sind in allen ihren Formen verboten.

- *Was bedeutet Sklaverei heute?*

Sklaverei von heute ist nicht mehr jene brutale Praxis, die historisch mit der Gefangennahme von Menschen, die in Ketten auf

NUR EINE UMFRAGE! SIND SIE FÜR ODER GEGEN DIE TODES-STRAFE?
PLANTU

dem offenen Markt verkauft wurden, assoziiert wird. Diese Art des Sklavenhandels wurde schon vor langem abgeschafft, und die Sklaverei ist in allen Ländern dieser Welt gesetzlich verboten; doch findet man noch da und dort Reste der Sklaverei. Und noch gibt es Millionen von Menschen, die in einem Zustand der Leibeigenschaft leben – sie spiegeln in vielen Ländern dieser Welt im wesentlichen dieselbe Ausbeutung von Menschen durch Menschen wider. Sklaverei heute ist und bleibt eine schamlose Verleugnung der Menschenwürde. Diese Praktiken können nur sehr schwer ausgerottet werden, da sie tief verwurzelt sind in wirtschaftlichen und sozialen Strukturen, Armut, Diskriminierung, Unwissenheit, Tradition und Habgier.

Praktiken, ähnlich jenen der Sklaverei, nur mit anderen Bezeichnungen versehen, sind noch infamer und betreffen die schwächsten und am meisten benachteiligten Gruppen der Gesellschaft. Sie werden definiert in der „Zusatzkonvention über die Abschaffung der Sklaverei, des Sklavenhandels und der Sklaverei ähnlicher Institutionen und Praktiken“ (1956)[77]: Schuldknechtschaft, Leibeigenschaft, Ausbeutung von Kindern und sklavische Formen der Eheschließung. Schuldknechtschaft ist ein Zustand, der sich aus einem Tausch persönlicher Dienstleistungen gegen eine Schuld und durch die Abgeltung der Schuld durch eine solche Dienstleistung ergibt. Sie ist nur schwer festzustellen, da sie unterschiedliche Formen annimmt und oft so praktiziert wird, daß die ausnützende Natur der Beziehung verborgen bleibt. Man findet sie in vielen Teilen der Welt, besonders im Bereich der Landwirtschaft und unter Wanderarbeitern; in vielen Fällen ist sie institutionalisiert und gewährleistet so die Bereitstellung einer unterwürfigen und schutzlosen Arbeiterschaft. In ihrer schlimmsten Form, dort wo die Schuld nicht getilgt werden kann, führt sie zu dauernder Knechtschaft, die von einem Elternteil auf das Kind übergeht. In manchen Fällen, wo Bauern versucht haben, gegen diese Praxis Widerstand zu leisten, stießen sie auf brutale Repression. An der Wurzel dieses Problems steht die Notwendigkeit einer Landreform. Es gibt jedoch Länder, in denen Landreformen durchgeführt worden waren, um diese Form der Leibeigenschaft zu beseitigen, die politische Macht jedoch in den Händen jener liegt, die die Landarbeiter ausbeuten; in solchen Fällen werden Regierungen nur in den seltensten Fällen echte Anstrengungen unternehmen, die von ihnen beschlossenen Landreform-Gesetze auch tatsächlich in die Praxis umzusetzen.

Die Ausnutzung der Kinderarbeit ist ein weltweites Problem und beinhaltet bisweilen sogar den direkten Verkauf von Kindern. ILO-Studien bestätigen, daß ein sehr hoher Prozentsatz der Kinder in der Welt schon in sehr jungen Jahren gezwungen sind zu arbeiten, auch wenn es darüber kaum ausreichend verläßliche Vergleichsdaten gibt, um weltweit das Ausmaß dieses Problems feststellen zu können. Kinderarbeit wird oft als eine besonders harte Form von Zwangsarbeit betrachtet. Die Arbeitsbedingungen sind oft sehr schlecht und die Bezahlung minimal oder überhaupt nicht gegeben. Solche Kinder erhalten keine Erziehung und leben unter gesundheitsgefährdenden Bedingungen. Spezialprogramme der Vereinten Nationen befassen sich mit Aktionen zur Beseitigung der Kinderarbeit und mit der Verhinderung des Verkaufs von Kindern, der Kinderprostitution und Kinderpornographie (siehe auch Teil I, Frage 33).

Auch Frauen zählen zu den von solchen Praktiken am stärksten betroffenen Bevölkerungsgruppen. Sklavische Eheformen sind Situationen, in denen Frauen kein Recht haben, eine Eheschließung abzulehnen, oder in denen eine Frau nach dem Tod des Ehemanns von einer Person auf eine andere übergehen kann. Eine weitere Sklaverei-ähnliche Praxis , die besonders Frauen und Kinder betrifft, ist der Handel mit Personen. Diesen Bereich deckt die Konvention zur Unterdrückung des Handels mit Personen und der Ausbeutung der Prostitution anderer (1949), die bisher von nur rund 70 Ländern ratifiziert wurde.[78] Besonders besorgniserregend war in den letzten Jahren das Florieren solcher Praktiken im Zusammenhang mit der Förderung des Tourismus zum Zwecke sexueller Ausbeutung.

- *Was kann unternommen werden, um jegliche Form der Sklaverei abzuschaffen?*

Die Sklaverei und der Sklaverei ähnliche Praktiken stellen umso mehr ein komplexes Problem dar, als viele Menschen ihr Vorhandensein leugnen. Die Vereinten Nationen erhalten Informationen über solche Zustände durch Beweise, die einer Arbeitsgruppe über Sklaverei vorgelegt werden; diese aus fünf Mitgliedern der Unterkommission zur Verhinderung der Diskriminierung und zum Schutz von Minderheiten, einem Unterorgan der Menschenrechtskommission, bestehende Arbeitsgruppe, berichtet der letzteren. Mehr als 110 Staaten haben die Zusatzkonvention über die Abschaffung der Sklaverei ratifiziert (siehe Fußnote 77). Die Erfüllung der Verpflichtungen daraus sind schlußendlich von der Durchführung auf nationaler Ebene abhängig. Diese könnte durch die Einrichtung eines neuen und wirksamen Mechanismus für die Durchführung der Konvention positiv beeinflußt werden. Bedeutende Fortschritte in der Eliminierung solcher Praktiken werden vom politischen Willen, Erziehung auf breitester Basis, sozialer Reformen und wirtschaftlicher Entwicklung abhängig sein.

Artikel 5 – Niemand darf der Folter oder grausamer, unmenschlicher oder erniedrigender Behandlung oder Strafe unterworfen werden.

- *Was ist Folter?*

Die Konvention gegen Folter und andere grausame, unmenschliche oder erniedrigende Formen der Behandlung oder Strafe, die einstimmig am 10. Dezember 1984 von der Generalversammlung der Vereinten Nationen angenommen wurde, definiert Folter als „jeglichen Akt, durch den einer Person schwerer körperlicher oder seelischer Schmerz zugefügt wird, um dadurch von ihr oder einer dritten Person Informationen oder ein Geständnis zu erpressen; weiters die Bestrafung einer Person für eine Handlung, die sie oder eine dritte Person begangen hat oder deren sie verdächtigt wird; oder die Einschüchterung und der Zwang einer Person oder einer dritten Person oder diskriminierende Maßnahmen jeglicher Art, wenn solcher Schmerz entweder durch einen öffentlichen Funktionsträger selbst oder in seinem Auftrag oder mit seinem Einverständnis zugefügt wird. Nicht darunter fallen Schmerz und Leid, die lediglich durch rechtmäßige Sanktionen hervorgerufen werden. (Art.1). Die Wiener Deklaration und das Aktionsprogramm (1993) betonten, daß „eine der schrecklichsten Verletzungen der Menschenwürde in Foltermaßnahmen zu sehen sei, durch die die Würde der Opfer und ihre Fähigkeit, ihr Leben und ihre Aktivitäten fortzusetzen, zerstört“ sei. (Frage 55)

- *Was versteht man unter grausamer, unmenschlicher oder erniedrigender Behandlung?*

Derzeit gibt es noch keine international anerkannte Definition dieses Begriffs. Internationale Organisationen und Experten subsumieren darunter Praktiken wie körperliche Bestrafung, Dunkelhaft, Anlegen von Fesseln oder andere schmerzverursachende Mittel, hochnotpeinliche Befragung, biomedizinische Experimente an Gefangenen, die Verwendung von Drogen an Gefangenen, Kastration oder Praktiken wie die Verstümmelung weiblicher Geschlechtsorgane, Hunger, Einzelhaft, Zwangsernährung u.ä.

- *Wo wird gefoltert, warum wird gefoltert, und wer sind die Folterer?*

Folter kennt keine geographischen Grenzen, und sie kann auch nicht einer bestimmten politischen Ideologie oder einem bestimmten Wirtschaftssystem zugeordnet werden. Nichtstaatliche Organisationen wie Amnesty International und die Internationale Juristenkommission haben Tausende Fälle von Folter in allen Teilen der Welt registriert.

Folter heute ist nicht nur der fallweise Verlust von gesetzlicher Zurückhaltung in einigen wenigen isolierten Fällen; sie reflektiert vielmehr eine bewußte Entscheidung höchster Regierungsvertreter, jene gesetzliche Zurückhaltung aufzugeben, die die exzessive Ausübung der Macht verhindern könnte. Manche Regierungen (und manche Widerstandsbewegungen)setzen die Folter als ein Mittel ein, um an Informationen heranzukommen, Geständnisse zu erzwingen und die breite Öffentlichkeit zu terrorisieren.

- *Läßt sich Folter rechtfertigen?*

Nein, weder moralisch noch juristisch. Die meisten innerstaatlichen Gesetzgebungen und das Völkerrecht untersagen ausdrücklich die Anwendung der Folter. Alle Mitgliedstaaten der Vereinten Nationen sind durch Artikel 5 der Allgemeinen Erklärung der Menschenrechte, der die Folter untersagt, verpflichtet. Einige argumentieren damit, daß in gewissen Ausnahmesituationen der Einsatz der Folter gerechtfertigt sei. Mancher wird argumentieren, ob nicht der Staat jedes verfügbare Mittel einsetzen sollte, um aus einem Terroristen, der unschuldige Leben in Gefahr gebracht hat, Informationen herauszupressen. Ganz abgesehen von den eindeutigen moralischen Prinzipien, die die Folter kategorisch verbieten, ist das Argument für die Folter aus mehrerlei Gründen falsch: Erstens führt die Folter zu falschen Geständnissen und unrichtigen Informationen; zweitens widerspricht die Folter dem Grundsatz der gerechten Bestrafung, der auf einer festgelegten Haftstrafe für ein bestimmtes Vergehen beruht; und drittens schafft die Anwendung der Folter in einem einzigen Fall eine Präzedenz für den Einsatz der Folter auf viel breiterer Ebene, je nach Willkür des Staates.

- *Was kann man tun, um der Folter Einhalt zu gebieten?*

Die Gewährung der vollen juristischen Rechte an den Untersuchungshäftling ist wohl die eindeutigste Maßnahme zur Verhinderung der Folter. Eine unabhängige Rechtsprechung und angemessener Zugang des Angeklagten zu frei gewählten Rechtsanwälten und Ärzten sind wesentlich. Auf internationaler Ebene können Veröffentlichungen über Folterungen sowie Interventionen durch Regierungen, zwischenstaatliche und nichtstaatliche Organisationen zugunsten des einzelnen, der von der Folter bedroht ist, dazu beitragen, daß das innerstaatliche Rechtssystem ausreichenden Schutz bietet. Ethik- und Verhaltenskodizes wurden erarbeitet, um Rechtsprechungsorgane, Juristen und Mediziner zu beraten und zu schützen, die am häufigsten mit den Opfern der Folter in Kontakt kommen und von deren Mut die Offenlegung von Folterungen abhängt. Internationale Organisationen könnten in ihrem eigenen Wirkungsbereich sehr wesentliche Beiträge leisten. Die UNESCO kann im Bereich der öffentlichen Information und in der Erziehung bei der Verurteilung der Folter eine wichtige Rolle spielen; gleiches gilt für die WHO in

MH ... SAGEN WIR ALSO:
'NATÜRLICHE TODESURSACHE'
PLANTU

Hinsicht auf die Durchsetzung von ethischen Normen und auf den Schutz des ärztlichen Personals.

- *Welches sind die wichtigsten Vorkehrungen in der UN-Konvention gegen die Folter?*

Die Konvention gegen Folter und andere grausame, unmenschliche oder erniedrigende Behandlung oder Bestrafung, die von der Generalversammlung der Vereinten Nationen am 10. Dezember 1984 angenommen wurde, trat am 26. Juni 1987 in Kraft, nachdem sie von 20 Staaten ratifiziert worden war. Heute haben mehr als 90 Staaten die Konvention ratifiziert.[79]

Die Vertragsstaaten kommen überein, wirksame legislative, administrative, rechtliche und andere Maßnahmen zu setzen, um Folter zu verhindern und sie zu einem strafbaren Delikt zu machen. Die Konvention sieht keine Einschränkungen und keine Umstände vor, unter denen Ausnahmen möglich wären; weder ein Kriegszustand noch ein bevorstehender Krieg, interne politische Instabilität oder irgendein anderer öffentlicher Notstand können als Rechtfertigung für Folter herangezogen werden. Vorkehrungen werden getroffen, um eine „universelle Strafgesetzgebung" zu schaffen, das heißt, daß der Staat, in dem ein Gesetzesbrecher aufgefunden wird, ihn ausliefern oder verurteilen soll. Die Vertragsstaaten müssen gesetzliche Vorkehrungen treffen, um sicherzustellen, daß Folteropfer ein durchsetzbares Recht auf faire und angemessene Entschädigung erhalten, einschließlich der Möglichkeit der Rehabilitierung und des Schadenersatzes.

- *Welche Mechanismen gewährleisten die Durchführung der Konvention gegen die Folter?*

Die Konvention sieht die Einrichtung eines aus zehn Fachleuten zusammengesetzten Komitees gegen Folter vor, die aufgrund ihrer persönlichen Qualifikation ernannt werden. Die Mitglieder des Komitees werden von den Vertragsstaaten in geheimer Abstimmung aus einer von den Staaten nominierten Liste gewählt.

Das Komitee ist berechtigt, die Durchführung der Konvention auf folgende Art und Weise zu überprüfen: es studiert Berichte von

Vertragsstaaten über die von ihnen ergriffenen Maßnahmen zur Durchsetzung der Konvention; es erhält und behandelt Mitteilungen von Einzelpersonen (oder für Einzelpersonen) und Staaten über angebliche Verletzungen, vorausgesetzt, daß der Staat oder die Staaten sich bereit erklärt haben, diese Funktionen des Komitees zu akzeptieren. Bislang haben rund 40 Staaten beide Deklarationen abgegeben.[80] Das Komitee ist befugt, vertrauliche Untersuchungen über angebliche Situationen von systematischer Folterung in die Wege zu leiten, und zwar in Zusammenarbeit mit dem betroffenen Vertragsstaat. Die Ergebnisse des Komitees werden dem untersuchten Vertragsstaat zur Kenntnis gebracht, und ein zusammenfassender Bericht über die Untersuchung kann nach Beratung mit dem Staat in den jährlichen Bericht des Komitees an die Generalversammlung der Vereinten Nationen aufgenommen werden.

Um ein vorbeugendes System regelmäßiger Expertenbesuche in Anhalteplätzen auf dem Staatsgebiet der Vertragsstaaten zu schaffen, ist ein Fakultativprotokoll zur Konvention in Vorbereitung.

- *Gibt es regionale Instrumente, die sich mit der Folter auseinandersetzen?*

Die Europäische Konvention zur Verhinderung von Folter und unmenschlicher oder erniedrigender Behandlung oder Bestrafung (1987) trat am 1. Februar 1989 in Kraft.[81] Die Konvention sieht die Einrichtung des Komitees zur Verhinderung von Folter vor, das aus unabhängigen Experten zusammengesetzt ist (jeder Vertragsstaat wird durch ein Mitglied vertreten). Vertragsstaaten müssen Mitgliedern des Komitees den Besuch von Anhalteplätzen in ihren Ländern gestatten. Die Experten berichten über die Ergebnisse ihrer Untersuchung im Hinblick auf die Durchführung der Konvention. Informationen von nichtstaatlichen Organisationen versorgen das Komitee mit wichtigen Zusatzmaterialien. Die Berichte werden an die betroffenen Regierungen gesandt, bleiben aber vertraulich, solange eine betroffene Regierung bereit ist, Verbesserungsmaßnahmen zu setzen; andernfalls kann das Komitee die Angelegenheit veröffentlichen.

Die Inter-Amerikanische Konvention zur Vermeidung und

Bestrafung von Folter, die 1985 von der Organisation Amerikanischer Staaten angenommen wurde, trat 1987 in Kraft.[82] Im Rahmen dieser Konvention ist die Inter-Amerikanische Kommission berechtigt, die Situation im Hinblick auf die Verhinderung und Beseitigung von Folter in der Region zu untersuchen und jährliche Berichte darüber zu erstatten.

- *Gibt es einen internationalen Kodex für die Behandlung von Gefangenen?*[83]

Im Jahr 1955 beschloß der Erste UN-Kongreß über die Verhinderung von Verbrechen und die Behandlung von Gesetzesbrechern „Mindest-Standardregeln für die Behandlung von Gefangenen". Sie wurden in der Folge revidiert und in den Jahren 1957 und 1977 von ECOSOC angenommen. Ziel dieser Regeln war es nicht, ein detailliertes Modell für Gefängnissysteme zu erarbeiten, sondern Grundsätze und Normen für die Behandlung von Gefangenen festzulegen. Im Jahr 1979 beschloß die Generalversammlung der Vereinten Nationen einen „Verhaltenskodex für Vollzugsorgane" und 1988 eine „Sammlung von Grundsätzen für den Schutz aller Menschen in allen Stufen der Anhaltung oder Haft". 1990 wurden die elf Punkte umfassenden „Grundprinzipien für die Behandlung von Häftlingen" (Resolution 45/111 der Generalversammlung) angenommen, mit deren Hilfe die volle Durchsetzung der Mindest-Standardregeln erleichtert werden soll. Alle diese Instrumente sind wichtige Richtlinien für die Staaten bei der Behandlung von Gefangenen, auch wenn sie rechtlich nicht verbindlich sind.

Artikel 6 – Jeder Mensch hat überall Anspruch auf Anerkennung als Rechtsperson.

Artikel 7 – Siehe Artikel 2.

Artikel 8 – Jeder Mensch hat Anspruch auf wirksamen Rechtsschutz vor den zuständigen innerstaatlichen Gerichten gegen alle Handlungen, die seine ihm nach der Verfassung oder nach dem Gesetz zustehenden Grundrechte verletzen.

Artikel 6 ist der erste in einer Reihe von eher „juristischen" Menschenrechten. Mit dem Begriff „Rechtsperson" erkennt der Staat an, daß jeder Mensch etwa das Recht hat, Vereinbarungen oder Verträge abzuschließen, die gerichtlich durchgesetzt werden können, oder Gerichtsverfahren anhängig zu machen, um seine gesetzlichen Rechte durchzusetzen.

Ein außerordentlich wichtiger Bestandteil dieses Artikels ist das Wort „jeder". Es weist darauf hin, daß kein Staat das Recht hat, zwischen seinen eigenen Bürgern und Fremden oder Staatenlosen bei der Durchsetzung aller Rechte, die eine „Rechtsperson" besitzt, Unterschiede zu machen.

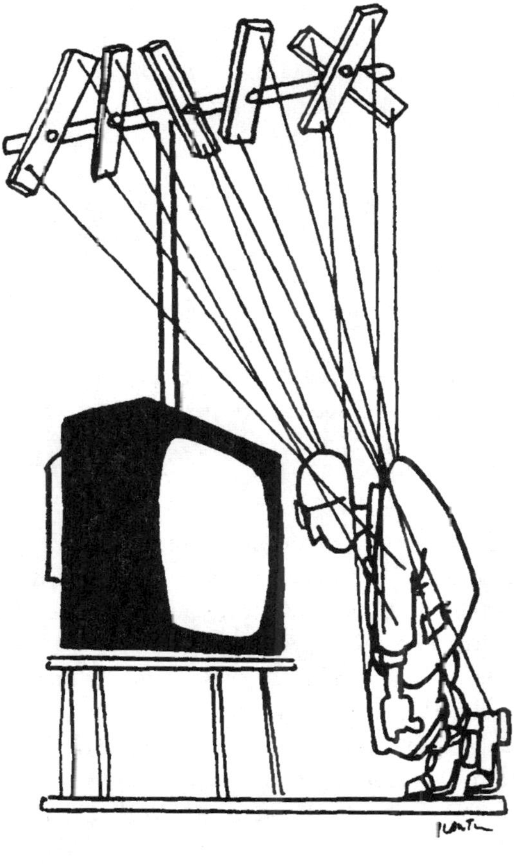

- *Was kann jemand tun, dessen verfassungsmäßige oder gesetzliche Rechte verletzt werden?*

Es ist Ziel des Artikels 8, das Einspruchsrecht bei einem inländischen Gericht für jene Personen zu schaffen, die sich in ihren verfassungsmäßigen oder gesetzlichen Rechten verletzt fühlen. Er bezieht sich nicht auf die in der Allgemeinen Erklärung enthaltenen Rechte, sondern lediglich auf jene, die dem einzelnen durch die Verfassung oder die Gesetze eines Staates zustehen.

Das bedeutet, daß es keine Situation geben soll, in welcher einem Menschen kein „Hilfsmittel" zur Verfügung steht, wenn seine „Rechte" verletzt werden. Darüber hinaus bedeutet die Tatsache, daß „jeder" eigens erwähnt wird, daß das Recht auf ein Hilfsmittel („das Recht zu klagen") nicht auf bestimmte Gruppen von Menschen beschränkt werden darf. Das Wort „zuständig" bezieht sich auf die Gerichte, die für bestimmte Zwecke eingesetzt wurden. Es kann sich also jemand, der behauptet, arbeitsrechtlich benachteiligt zu werden, nicht an ein Gericht wenden, das beispielsweise für Familienrecht zuständig ist. Ein sehr gängiges praktisches Beispiel für die Verletzung dieses Rechts bieten jene Länder, in denen die Folter zwar illegal, es einer Person jedoch verboten ist, vor Gericht auszusagen, sie sei Opfer dieser Praktiken geworden.

Artikel 9 – Niemand darf willkürlich festgenommen, in Haft gehalten oder des Landes verwiesen werden.

- *Sind derlei Maßnahmen jemals zu rechtfertigen?*

Artikel 9 ist der erste von drei Artikeln, die sich mit den grundlegenden rechtlichen Schutzmaßnahmen befassen, die alle Rechtssysteme anbieten sollten: Freiheit von willkürlicher Festnahme, das Recht auf ein gerechtes, angemessenes Verfahren und die Annahme der Schuldlosigkeit. Der Sinn des Artikels 9 ist klar, mit Ausnahme des Begriffs „willkürlich". Zwei mögliche Interpretationen dieses Begriffs werden häufig vorgebracht: Eine ist, daß Personen nur dann verhaftet, angehalten oder ausgewiesen werden dürfen, wenn dies mit den gesetzlichen Vorkehrungen in Einklang steht; die zweite besagt, daß niemand einer zufälligen oder wahllosen Verhaftung, Anhaltung oder Ausweisung unterworfen werden darf, von dem nicht angenommen werden kann, daß er ein Vergehen begangen hat.

Die erste Interpretation ist unzureichend, da die Gesetze sehr oft eine überraschende Festnahme vorsehen und weil die gesetzlichen Vorgänge oft selbst „willkürlich" oder mißbräuchlich gehandhabt werden können. Der unter dieser ersten Interpretation angebotene Schutz ist also unzureichend, um solche Bedrohungen der Menschenwürde unmöglich zu machen. Demzufolge ist die zweite Interpretation die einzig gültige. Unterstrichen wird diese Feststellung durch die Tatsache, daß sehr häufig einer willkürlichen – wenn auch legalen – Festnahme eine Mißhandlung oder Folterung des Festgenommenen folgt.

Artikel 10 – Jeder Mensch hat in voller Gleichberechtigung Anspruch auf ein der Billigkeit entsprechendes und öffentliches Verfahren vor einem unabhängigen und unparteiischen Gericht, das über seine Rechte und Verpflichtungen oder über irgendeine gegen ihn erhobene strafrechtliche Beschuldigung zu entscheiden hat.

Artikel 10 sieht das Grundrecht auf ein gerechtes Verfahren vor. Das bezieht sich nicht nur auf Kriminalfälle, sondern auch auf zivilrechtliche Auseinandersetzungen, in denen eine Person eine andere klagt. Ziel dieses Artikels ist es, eine gerechte Anhörung aller Personen, die vor einem Gericht erscheinen, durch ein unabhängiges und unparteiisches Gericht zu gewährleisten.

Wenngleich bisweilen argumentiert wird, daß Begriffe wie „gerecht", „unparteiisch" und „unabhängig" von Land zu Land unterschiedlich interpretiert werden, geht es hier doch um die wesentliche Forderung, daß jedermann eine faire Chance bekommt, seinen Fall vorzubringen. Der Grundsatz der Unabhängigkeit der Gerichtsbarkeit[84] soll von den Staaten berücksichtigt werden.

Artikel 11 – 1. Jeder Mensch, der einer strafbaren Handlung beschuldigt wird, ist so lange als unschuldig anzusehen, bis eine Schuld in einem öffentlichen Verfahren, in dem alle für seine

ZIEL DIESES PROZESSES IST ES, SIE IN EINEM GERECHTEN VERFAHREN ZUM TODE ZU VERURTEILEN!
PLONTU

Verteidigung notwendigen Voraussetzungen gewährleistet waren, gemäß dem Gesetz nachgewiesen ist.
2. Niemand kann wegen einer Handlung oder Unterlassung verurteilt werden, die zum Zeitpunkt, da sie erfolgte, auf Grund des nationalen oder internationalen Rechts nicht strafbar war. Desgleichen kann keine schwerere Strafe verhängt werden, als die, die im Zeitpunkt der Begehung der strafbaren Handlung anwendbar war.

Artikel 11 umfaßt vier Grundsätze:

- *Die Annahme der Unschuld*

Dies ist ein einfaches, aber außerordentlich wichtiges Konzept. Es bedeutet, daß jemand, der eines kriminellen Vergehens beschuldigt wird, so lange für unschuldig zu gelten hat, bis seine Schuld tatsächlich nachgewiesen ist. In manchen Ländern beruht darauf das Recht auf Erlegung einer Kaution. Das kann bedeuten, daß eine beschuldigte Person bis zum Prozeß auf freiem Fuß bleiben kann.

- *Das Recht auf Verteidigung*

Das Wort „gewährleisten" in Artikel 11 umfaßt unter anderem auch die Verpflichtung eines Staates zu gewährleisten, daß die Menschen sowohl Rechtsbeistand als auch entsprechende Möglichkeiten zum Beweis ihrer Unschuld erhalten, einschließlich des Rechts auf Namhaftmachung von Zeugen.

- *Das Recht auf ein öffentliches Verfahren*

Hierin ist der Grundsatz enthalten, „Gerechtigkeit soll nicht nur geübt werden, man sollte auch sehen, daß sie geübt wird". Damit die Bevölkerung dem Gesetz vertraut, ist es notwendig, daß das Gesetz öffentlich zur Anwendung kommt; ferner muß jedermann die Möglichkeit haben zu sehen, wie die Gesetzesmaschinerie arbeitet. Wenn Verfahren geheim durchgeführt werden, gibt es keine Gewähr dafür, daß die Grundrechte tatsächlich beachtet werden. Dieser Teil des Artikels 11 legt dem Staat die Verpflichtung auf zu zeigen, daß das Gesetz gerecht und angemessen zur Anwendung gelangt.

- *Die Nicht-Rückwirksamkeit des Gesetzes*

Dieser schwierige Begriff beinhaltet eine ganz einfache Idee. Ein Mensch soll nicht für etwas bestraft werden, was zum Zeitpunkt der Tat nicht strafbar war. Er bedeutet auch, daß, wenn eine Tat zum Zeitpunkt ihres Begehens in bestimmter Art und Weise strafbar war, kein späteres Gesetz die zu verhängende Strafe beeinflussen darf.

Die Einbeziehung des „internationalen Rechts“ in Paragraph 2 dieses Artikels berücksichtigt etwa die großen Kriegsverbrecherprozesse von Nürnberg und Tokio, die nach dem Ende des zweiten Weltkriegs stattfanden. Diese führten zur Verurteilung von Kriegsverbrechern, Verbrechen, die vor internationalen Gerichtshöfen verhandelt wurden, und zwar auf der Grundlage von Gesetzen mit weltweiter Anwendbarkeit (Völkerrecht) und nicht so sehr auf der Grundlage der spezifischen Gesetze der einzelnen Staaten.

Artikel 12 – Niemand darf willkürlichen Eingriffen in sein Privatleben, seine Familie, sein Heim oder seinen Briefwechsel noch Angriffen auf seine Ehre und seinen Ruf ausgesetzt werden. Jeder Mensch hat Anspruch auf rechtlichen Schutz gegen derartige Eingriffe oder Anschläge.

Gesetze sind ebenso unterschiedlich wie Gebräuche und Kulturen. Ebenso unterschiedlich sind gesetzliche Interpretationen und Begrenzungen, die von Regierungen oder lokalen Gesetzgebungen und Traditionen auferlegt werden, wenn es um die Begriffe des „Privatlebens“, der „Familie“, des „Heims“, der „Ehre“ und des „Rufs“ geht. Die Gewährleistung dieses Rechts erfolgt daher letztlich durch die nationale Gesetzgebung. Besondere Probleme ergeben sich aus dem Einsatz moderner elektronischer Technologien, wie etwa dem unerlaubten Zugang zu vertraulichen Informationen in Datenbänken oder der Praxis des „Anzapfens“ von privaten Telefongesprächen. Mißbräuche sind nur sehr schwer aufzudecken und zu beweisen. In einer Reihe von Ländern gibt es jedoch gut ausgearbeitete Gesetze zum Schutz dieser Grundfreiheiten, und nichtstaatliche Organisationen und Massenmedien kämpfen gegen ihre Verletzung.

Artikel 13 – 1. Jeder Mensch hat das Recht auf Freizügigkeit und freie Wahl seines Wohnsitzes innerhalb eines Staates.

2. Jeder Mensch hat das Recht, jedes Land, einschließlich seines eigenen, zu verlassen sowie in sein Land zurückzukehren.

Artikel 12 des Internationalen Paktes über bürgerliche und politische Rechte proklamiert dasselbe Recht und fügt hinzu, daß die einzigen Einschränkungen, die diesem Recht auferlegt werden können, jene sind, die von Gesetzes wegen festgelegt werden, um die nationale Sicherheit, öffentliche Gesundheit oder Moral oder die Rechte und Freiheiten anderer zu schützen, und die im Einklang mit den anderen im selben Pakt enthaltenen Rechten stehen. Gemäß Artikel 4 des Paktes können gewisse Abstriche von diesem Recht in „Zeiten öffentlichen Notstandes gemacht werden, der das Leben der Nation bedroht und der offiziell als solcher proklamiert worden ist". Diese Ausnahmen sind zeitlich begrenzt und von den jeweiligen Umständen abhängig. Sie beruhen auf der legitimen Notwendigkeit, die Sicherheit anderer zu schützen. So kann etwa eine Naturkatastrophe oder Epidemie – ebenso wie ein internationaler Krieg oder Bürgerkrieg – eine solche Einschränkung des Rechts notwendig machen. Ein weiterer Grund für die zeitweilige Einschränkung wäre zu verhindern, daß jemand, der gemäß den Gesetzen des Landes ein anhängiges Gerichtsverfahren zu erwarten hat, das Land verläßt; ebenso müßte ein Häftling seine Kerkerstrafe vollständig verbüßen, ehe er das Land verlassen darf. Keine dieser Maßnahmen ist jedoch eine willkürliche oder dauernde Beschränkung dieses Rechts.

- *Auf welche Art und Weise werden Menschen ihrer Bewegungsfreiheit beraubt?*

Es gibt viele Arten, wie die Bewegungsfreiheit sowohl innerhalb eines Landes als auch zwischen Ländern durch Regierungen beschnitten werden kann. Manche Regierungen beschränken aus politischen Gründen die Bewegungsfreiheit ihrer Bürger, aber auch von Fremden, im eigenen Land. Willkürliche Anhaltung (siehe Artikel 9) wird immer noch geübt; weiters bestehen Arbeitslager als Mittel, Bürger wegen ihrer politischen Opposition zu internieren. Solche Praktiken bleiben verborgen, wenn Regierungen vermeintliche legale Gründe vorschieben, um diese illegalen Praktiken zu rechtfertigen.

In Zeiten innerstaatlicher Unruhen und/oder bewaffneter Konflikte kommt es sowohl zu ausgedehnten internen Wanderungen von Menschen als auch zu Massenauswanderungen; es handelt sich in all diesen Fällen um erzwungene Bewegungen, ohne Garantie auf das Recht, in ihre Wohnungen zurückzukehren. Das stellt eine Verweigerung des Grundsatzes der Bewegungsfreiheit dar. Unglücklicherweise gibt es viel zu viele Beispiele für solche Vorkommnisse, die in der Hauptsache auf grobe Verletzungen der wesentlichen Menschenrechte und Grundfreiheiten zurückzuführen sind.

Artikel 14 – 1. Jeder Mensch hat das Recht, in anderen Ländern vor Verfolgung Asyl zu suchen und zu genießen.

2. Dieses Recht kann jedoch im Falle einer Verfolgung wegen nichtpolitischer Verbrechen oder wegen Handlungen, die gegen die Ziele und Grundsätze der Vereinen Nationen verstoßen, nicht in Anspruch genommen werden.

Asyl bedeutet die Bereitstellung einer Zufluchtsstätte und des Schutzes für Personen, die ihr eigenes Land aus Angst vor Verfolgung verlassen haben (siehe auch Teil I, Frage 45).

Das Recht auf Asyl wurde bislang noch nicht weltweit kodifiziert. Die einzigen existierenden regionalen Rechtsinstrumente sind Konventionen, die von der Organisation Amerikanischer Staaten angenommen wurden: OAS-Konvention über Asyl, angenommen im Jahr 1928 und am 31. Mai 1929 in Kraft getreten; OAS-Konvention über politisches Asyl, angenommen im Jahr 1933 und am 28. März 1925 in Kraft getreten; OAS-Konvention über diplomatisches Asyl, 1954 angenommen und am 29. Dezember 1954 in Kraft getreten; und die OAS-Konvention über territoriales Asyl, 1954 angenommen und am 29. Dezember 1954 in Kraft getreten. Die Gewährung des Asylrechts ist jedoch das souveräne Recht der einzelnen Staaten, das sie nach eigenem Gutdünken gewähren können. Während manche Staaten den Artikel in einem äußerst engen Sinn interpretieren, sind andere großzügiger und gewähren Bewerbern mit ernsthaften Gründen dieses Recht.

Artikel 15 – 1. Jeder Mensch hat Anspruch auf eine Staatsangehörigkeit.

2. Niemandem darf seine Staatsangehörigkeit willkürlich entzogen noch ihm das Recht versagt werden, seine Staatsangehörigkeit zu wechseln.

- *Warum brauchen Menschen eine Staatsbürgerschaft?*

Wäre die Welt ein einziger Staat und hätten alle Menschen unter universellen Gesetzen die gleichen Rechte, bestünde keine Notwendigkeit einer Staatsbürgerschaft. Da die Welt aber nicht so organisiert ist, bleibt die Staatsangehörigkeit sowohl für das materielle als auch für das geistige Wohlbefinden der Menschen innerhalb der Gesellschaft notwendig. Die Staatsangehörigkeit versieht den einzelnen mit einer Identität. Im materiellen Sinn bezieht sich diese Identität auf eine geographische Örtlichkeit und das damit verbundene Recht auf den Schutz durch die Gesetze des jeweiligen Staates. Der Staat hat auch Verpflichtungen, was die Behandlung seiner Angehörigen durch andere Staaten betrifft. Im geistigen Sinn verschafft die Staatsbürgerschaft dem einzelnen ein Gefühl der Zugehörigkeit und des Selbstwertes. Artikel 24 des Internationalen Paktes über bürgerliche und politische Rechte sieht ausdrücklich das Recht jedes Kindes auf die Erlangung einer Staatsangehörigkeit vor.

- *Welchen Schutz gibt es für Menschen, die ihrer Staatsangehörigkeit beraubt wurden?*

Politische Auseinandersetzungen und Konflikte stehen oft in engem Zusammenhang mit der Frage der Staatsangehörigkeit. In letzter Zeit wurde Ethno-Nationalismus zu einem bedeutenden Faktor in vielen heftigen Konflikten. Das Auftauchen neuer Staaten ging bisweilen Hand in Hand mit Verfolgung und Vertreibung von Menschen und einer Eskalation von Staatenlosigkeit. Minderheiten, die einen signifikanten Prozentsatz von Flüchtlingspopulationen ausmachen, sind davon besonders betroffen.

Die Konvention über die Reduktion von Staatenlosigkeit (1961)[85] will Staaten dazu verpflichten, allen Menschen, die auf ihrem Territorium geboren werden und die sonst staatenlos wären, eine Staatsangehörigkeit zu geben und zu verbieten, daß einer Person die Staatsangehörigkeit entzogen werde, die dadurch staatenlos würde. Unter keinen Umständen darf einer Person aus rassischen, ethnischen, religiösen oder politischen Gründen die Staatsangehörigkeit verweigert werden.

Artikel 16 – 1. Heiratsfähige Männer und Frauen haben ohne Beschränkung durch Rasse, Staatsbürgerschaft oder Religion das Recht, eine Ehe zu schließen und eine Familie zu gründen. Sie haben bei der Eheschließung, während der Ehe und bei deren Auflösung gleiche Rechte.
2. Die Ehe darf nur auf Grund der freien und vollen Willenseinigung der zukünftigen Ehegatten geschlossen werden.
3. Die Familie ist die natürliche und grundlegende Einheit der Gesellschaft und hat Anspruch auf Schutz durch Gesellschaft und Staat.

Die Einstellungen zur Ehe sind sehr unterschiedlich, und die Familiengesetzgebung beruht auf besonderen religiösen, kulturellen und sozialen Verhaltensmustern. Die Rechte werden zwar festgestellt, ihr Schutz ist jedoch nicht einheitlich. Das Konzept der „freien und vollen Willensentscheidung" führt in bestimmten Kulturen zu besonderen Problemen; die Regelungen, die diese Angelegenheiten ordnen, wurden detaillierter in den UN-Übereinkommen über die Erklärung des Ehewillens, das Heiratsmindestalter und die Registrierung von Eheschließungen (1962)[86] und in einer 1965 beschlossenen einschlägigen Empfehlung angeführt.

Die Definition des Begriffs „Familie" ist sehr unterschiedlich und reicht von der im Westen vorherrschenden „Kernfamilie" und vielfach der Ein-Eltern-Familie bis hin zu der Großfamilie in anderen Teilen der Welt. Trotzdem ist die Familie in allen Gesellschaften ein Grundelement, das zu schützen Aufgabe der Staaten ist, wie in Artikel 10 des Internationalen Paktes über die wirtschaftlichen, sozialen und kulturellen Rechte und in Artikel 23 des Internationalen Paktes über bürgerliche und politische Rechte formuliert (siehe auch Teil I, Fragen 12 und 17).

Artikel 17 – 1. Jeder Mensch hat allein oder in Gemeinschaft mit anderen das Recht auf Eigentum.
2. Niemand darf willkürlich seines Eigentums beraubt werden.

Eigentum wurde auf dieselbe Ebene wie Freiheit, Sicherheit und Widerstand gegen die Unterdrückung gestellt, und zwar bereits im Jahr 1789 in der französischen Menschen- und Bürgerrechtserklärung. Nach 200 Jahren gesellschaftlicher und wirtschaftlicher Entwicklung haben sich der Eigentumsbegriff und sein Bezug zu den Menschenrechten weiterentwickelt und stellt heute eine sehr komplexe und kontroversielle Materie dar.
Aufgrund der ideologischen Gegensätze, die zum Zeitpunkt der Annahme der Internationalen Pakte herrschten, ist das Recht auf Eigentum das einzige in der Allgemeinen Erklärung der Menschenrechte erwähnte, das nicht in die Pakte Eingang gefunden hat. Zweifellos fallen jegliche Formen der Diskriminierung im Hinblick auf das Recht auf Eigentum sowie der Schutz des intellektuellen Eigentums eindeutig unter die Bestimmungen des internationalen Menschenrechts.

Artikel 18 – Jeder Mensch hat Anspruch auf Gedanken-, Gewissens- und Religionsfreiheit; dieses Recht umfaßt die Freiheit, seine Religion oder seine Überzeugung zu wechseln, sowie die Freiheit, seine Religion oder seine Überzeugung allein oder in Gemeinschaft mit anderen, in der Öffentlichkeit oder privat, durch Lehre, Ausübung, Gottesdienst und Vollziehung von Riten zu bekunden.

Gedanken-, Gewissens- und Religions- bzw. Glaubensfreiheit sind Grundfreiheiten, die selbst in Ausnahmezuständen nicht aufgehoben werden dürfen. Der gleiche Schutz gilt für Gläubige wie für Nichtgläubige. Niemand darf wegen seiner Religion oder seines Glaubens diskriminiert bzw. gezwungen werden, einer anderen Religion oder einem anderen Glauben anzuhängen. Diese Freiheit, die eigene Religion oder den eigenen Glauben auszuüben (entweder allein oder in Gemeinschaft mit anderen) steht in Beziehung zu einem breiten Spektrum von Tätigkeiten und Gebräuchen (spezielle Zeremonien, Ernährugsvorschriften, besondere Bekleidung, die Freiheit, religiöse Schulen und Seminare zu errichten und religiöse

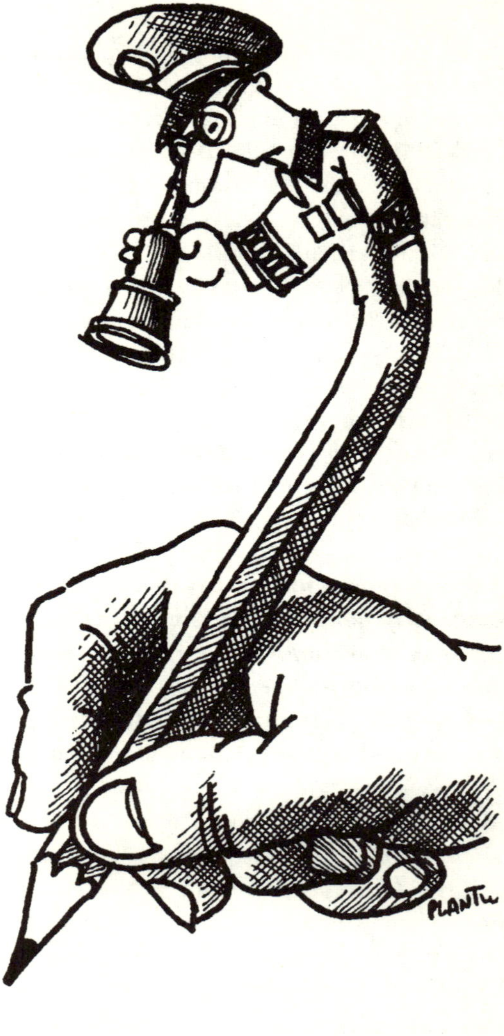
PLANTU

Texte und Veröffentlichungen zu verbreiten, sowie das Recht auf spezielle Orte der Anbetung u.a.).

Diese Freiheit wird von Staaten mit unterschiedlichsten Einstellungen zur Religion bisweilen bedroht – von der Ermutigung, daß alle Bürger einer Staatsreligion angehören bis hin zur Ablehnung jedes religiösen Glaubens. Es gibt auch das kontroversielle Problem der Beziehung zwischen dem Gewissen des einzelnen und dem gesellschaftlichen und politischen Kontext, in dem er lebt. Trotz der unterschiedlichen Auffassungen zu dieser Freiheit illustriert doch die Annahme der Erklärung über die Eliminierung aller Formen von Intoleranz und Diskriminierung aufgrund von Religion oder Glauben (Resolution 36/55 der Generalversammlung der Vereinten Nationen vom 25. November 1981) die Sorge der internationalen Gemeinschaft um Intoleranz und Diskriminierung in diesen Bereichen.

Um die Durchführung der genannten Erklärung zu fördern, wurde von der Menschenrechtskommission im Jahr 1986 ein Sonderberichterstatter für religiöse Intoleranz eingesetzt (siehe auch Teil I, Frage 51). Der 1995 vom Sonderberichterstatter vorgelegte Bericht stellt fest, daß Beschwerden aus praktisch allen Teilen der Welt eingegangen waren; sie betrafen die Verweigerung des Rechts auf eine Religion oder einen Glauben der eigenen Wahl bis hin zu Diskriminierungen durch den Staat aus diesen Gründen. Besondere Schwierigkeiten ergaben sich aus der Propagierung extremistischer und fanatischer Meinungen und aus daraus resultierenden Handlungen, einschließlich Bedrohungen an Leben, Freiheit und Sicherheit von Personen, willkürliche Festnahmen, Anhaltungen und Folter. Die Generalversammlung der Vereinten Nationen verurteilte vor kurzem neuerlich „alle Manifestationen von Haß, Intoleranz und Gewalt, Einschüchterung und Zwang auf der Grundlage von religiösem Extremismus und Intoleranz gegenüber Religion und Glauben“ (Resolution 49/188, am 23. Dezember 1994 ohne Abstimmung angenommen).

Die Menschenrechtskommission erkannte Gewissensgründe für die Ablehnung des Militärdienstes als eine legitime Ausübung des Rechts auf Gedanken-, Gewissens- und Religionsfreiheit an (Resolution 1993/84). Die Resolution appelliert an jene Staaten, in denen es die Wehrpflicht gibt, alternative Formen des Dienstes an

ABGABE
IN
5 MINUTEN !
PRESSE
PLANTU

der Gesellschaft für Wehrdienstverweigerer aus Gewissensgründen einzurichten.

Artikel 19 – Jeder Mensch hat das Recht auf freie Meinungsäußerung; dieses Recht umfaßt die Freiheit, Meinungen unangefochten anzuhängen und Informationen und Ideen mit allen Verständigungsmitteln ohne Rücksicht auf Grenzen zu suchen, zu verbreiten.

Der Schutz und die Ausübung dieser Rechte sind wesentliche Bestandteile einer demokratischen Gesellschaft (siehe auch Artikel 21). Die Freiheit, „Informationen und Ideen durch alle Verständigungsmittel zu suchen und zu verbreiten", setzt voraus, daß die Medien frei und unabhängig sind.

Das der Unterdrückung von Meinungs- und Ausdrucksfreiheit zugrundeliegende Motiv ist Angst: die Angst vor der Herausforderung, die andere Meinungen darstellen, und die Angst, die sich aus dem Wissen ableitet, daß Meinungs- und Ausdrucksfreiheit das wesentlichste Werkzeug für die Gewährleistung aller anderen Grundfreiheiten darstellt. Zwar gelingt es Regierungen immer wieder, diese Freiheiten in ihrer eigenen Gesetzgebung einzuschränken, es gibt jedoch keine Möglichkeit, Gedanken-, Meinungs- und Ausdrucksfreiheit vollständig zum Schweigen zu bringen. Bücher zu verbieten, heißt nicht, sie zu vernichten, das Verbot, sie zu drucken, schließt nicht aus, daß sie anderswo veröffentlicht oder gelesen werden oder daß sie in anderer Form heimlich in Umlauf kommen.

- *Gibt es internationale Instrumente zum Schutz der Presse- und Informationsfreiheit?*

Es war und ist Anliegen der Vereinten Nationen und ihrer Sonderorganisationen, jene Berufsgruppen und nichtstaatlichen Organisationen zu unterstützen, die aktiv im Dienste der Verteidigung der freien Meinungsäußerung und der Medienfreiheit tätig sind. Seit dem Jahr 1989 hat die UNESCO eine Neue Kommunikationsstrategie zur „Förderung des freien Informationsflusses auf internationaler und nationaler Ebene und seine weitere und ausgewogenere Verbreitung ohne Behinderung der Ausdrucksfreiheit“ angenommen. Im Rahmen dieser Strategie hat die UNESCO Regionalseminare für Medienberufe in Ost- und Mitteleuropa (Paris, 1989 und 1990), für Afrika (Windhoek, 1991), für Asien (Almaty, 1992), Lateinamerika und die Karibik (Santiago de Chile, 1994), und in den arabischen Staaten (Sana'a, 1996) abgehalten. In Ländern des Übergangs zu demokratischen Strukturen leistet die UNESCO aktive Hilfe mit der Beratung im Bereich der Mediengesetzgebung. Für Konfliktländer unterstützt die UNESCO die unabhängigen Medien in der unparteiischen Berichterstattung und leistet damit einen Beitrag zur Schaffung eines Dialog- und Friedensklimas.

Die Menschenrechtskommission hat im Jahr 1993 einen Sonderberichterstatter für das Recht auf Meinungs- und Ausdrucksfreiheit eingesetzt (siehe auch Teil I, Frage 51), um praktische und handlungsorientierte Vorschläge für den besseren Schutz dieser Rechte zu erarbeiten.

Die Probleme der Ausdrucks- und Informationsfreiheit waren vielfach Gegenstand der Untersuchung vor dem Europäischen und dem Interamerikanischen Gerichtshof für Menschenrechte (siehe Teil I, Fragen 68 und 80), deren Entscheidungen für die Entwicklung des Gewohnheitsrechts in diesen Fragen von Bedeutung waren.

- *Handelt es sich hier um uneingeschränkte Freiheiten?*

Der Internationale Pakt über bürgerliche und politische Rechte stellt fest, daß die Ausübung der Meinungs- und Ausdrucksfreiheit „besondere Pflichten und Verantwortlichkeiten mit sich bringt“, die daher „bestimmten Einschränkungen unterliegt, die jedoch auf Gesetzen beruhen und für die Achtung der Menschenrechte und des Ansehens des einzelnen, für den Schutz der nationalen Sicherheit oder der öffentlichen Ordnung, der öffentlichen Gesundheit oder Moral“ von Bedeutung sein müssen (Artikel 19). Der Pakt verbietet auch „jegliche Form der Kriegspropaganda“ oder „jegliche Bejahung nationalen rassischen oder religiösen Hasses, die eine Hetze zu Diskriminierung, Feindschaft oder Gewalt darstellen“ (Artikel 20). Die freie Meinungsäußerung ist daher nicht absolut, allgemein formuliert muß aber jegliche Beschränkung den Kriterien der Legitimität, Legalität, Proportionalität und demokratischer Notwendigkeit entsprechen. Klare Regeln zum Schutz der Privatsphäre und der Ehre des einzelnen in bezug auf die Medien müssen festgelegt werden.

Artikel 20 – 1. Jeder Mensch hat das Recht auf Versammlungs- und Vereinsfreiheit zu friedlichen Zwecken.
2. Niemand darf gezwungen werden, einer Vereinigung anzugehören.

Das Recht auf Vereinsfreiheit ist die einzige Form, in der Menschen kollektiv ihre Ziele zum Ausdruck bringen, als Gruppe Druck ausüben und die Interessen des einzelnen schützen können. Es bedarf keiner positiven Aktionen seitens der Regierungen, um diese Freiheit zu gewährleisten. Anderseits können Regierungen es beschränken. Wenngleich es rechtmäßige Gründe gibt, warum dies unter gewissen Umständen geschehen kann, werden solche

Einschränkungen aber als Repressionsmittel viel zu oft eingesetzt. Wir werden Zeugen von zahlreichen Verletzungen dieser Freiheit in allen Teilen der Welt.

Die Internationale Arbeitsorganisation (ILO, siehe auch Teil I, Frage 63) hat mehrere Konventionen über das besondere Vereinsrecht von Arbeitern angenommen, die von einer großen Zahl von Mitgliedstaaten ratifiziert wurden.[87]

Artikel 21 – 1. Jeder Mensch hat das Recht, an der Leitung der öffentlichen Angelegenheiten seines Landes unmittelbar oder durch frei gewählte Vertreter teilzunehmen.
2. Jeder Mensch hat unter gleichen Bedingungen das Recht auf Zulassung zu öffentlichen Ämtern in seinem Lande.
3. Der Wille des Volkes bildet die Grundlage für die Autorität der öffentlichen Gewalt; dieser Wille muß durch periodische und unverfälschte Wahlen mit allgemeinem und gleichem Wahlrecht bei geheimer Stimmabgabe oder in einem gleichwertigen freien Wahlverfahren zum Ausdruck kommen.

Durch die Aussage, daß „der Wille des Volkes die Grundlage für die Befugnisse der Regierung zu sein habe", spiegelt dieser Artikel eine Bestätigung der Prinzipien einer demokratischen Regierung wider. Eine solche soll erreicht werden durch „echte Wahlen", das heißt durch freie und faire Wahlen auf der Grundlage des allgemeinen Wahlrechts. Während solche Wahlen ein ganz wesentliches Element des Demokratisierungsprozesses darstellen, sind der Schutz der Menschenrechte und die Herrschaft des Gesetzes ebenso integrale Bestandteile. Der Aktionsplan von Montreal (siehe Teil I, Frage 86), der betont, daß „demokratische Werte für den vollen Genuß der Menschenrechte erforderlich sind", war das erste international anerkannte Dokument, in dem Menschenrechtserziehung und Demokratieerziehung vereint wurden. Aktionsprogramm und Deklaration von Wien (1993) (siehe Teil I, Frage 9), ein Spiegelbild der weltweiten Übereinstimmung, bestätigten, daß die Beziehung zwischen Menschenrechten und Demokratie „voneinander abhängig sind und einander ergänzen". Sie appellieren an die internationale Gemeinschaft, „die Stärkung und Förderung der Demokratie zu unterstützen" und damit anzuerkennen, daß der Schutz und die Förderung von Menschenrechten und Grundfreiheiten und die Herrschaft des Gesetzes in allen Staaten am wirkungsvollsten durch die Anwendung demokratischer Prinzipien gewährleistet werden kann. Außerdem wurden Demokratie und Achtung der Menschenrechte als notwendige Voraussetzungen für die Verwirklichung des Rechts auf Entwicklung anerkannt (siehe Artikel 28).

Die Organisation der Amerikanischen Staaten (OAS) hat sich durch ihre Resolution über die repräsentative Demokratie (1991) verpflichtet, spätestens zehn Tage nach einer Unterbrechung des demokratischen Prozesses in einem ihrer Mitgliedstaaten eine hochrangige politische Zusammenkunft abzuhalten. Diese Resolution unterstreicht die Anerkennung des unauflöslichen Zusammenhangs zwischen Menschenrechten und Demokratie durch die OAS.

Artikel 22 – Jeder Mensch hat als Mitglied der Gesellschaft Recht auf soziale Sicherheit; er hat Anspruch darauf, durch innerstaatliche Maßnahmen und internationale Zusammenarbeit unter Berücksichtigung der Organisation und der Hilfsmittel jedes Staates in den Genuß der für seine Würde und die freie Entwicklung seiner Persönlichkeit unentbehrlichen wirtschaftlichen, sozialen und kulturellen Rechte zu gelangen.

Dieser Artikel, ebenso wie Artikel 23–27, behandelt die wirtschaftlichen, sozialen und kulturellen Rechte, deren Ziel die Erfüllung der materiellen und nicht-materiellen menschlichen Bedürfnisse im Hinblick auf die volle Entwicklung des menschlichen Potentials ist. Die Verwirklichung dieser Rechte setzt seitens des Staates und der internationalen Gemeinschaft positives Handeln voraus, um sicherzustellen, daß diese Rechte für jedermann Wirklichkeit werden.

Ein Fünftel der Weltbevölkerung leidet unter Armut und Hunger. Krankheiten, Analphabetismus und soziale Unsicherheit nehmen ständig zu. Die massive Verweigerung der grundlegenden sozialen, wirtschaftlichen und kulturellen Rechte muß von der internationalen Gemeinschaft ebenso lautstark verurteilt werden wie die Verweigerung der bürgerlichen und politischen Rechte.

Demokratie, Stabilität und Frieden können nur dann wirklich stabil sein, wenn die wechselseitige Abhängigkeit von wirtschaftlichen, sozialen, kulturellen, politischen und bürgerlichen Rechten voll anerkannt wird. Wirtschaftswachstum ist zwar wichtig, reicht aber als solches nicht aus, um das allgemeine Wohlbefinden von Völkern zu gewährleisten. Seine Vorteile kommen nicht notwendigerweise allen Bevölkerungsschichten gleichermaßen zugute. So müßten sich alle nationalen Bemühungen und die internationale Zusammenarbeit zur Förderung wirtschaftlichen und sozialen Fortschritts auch um die Schaffung fairer Voraussetzungen für die Maximierung und gleichmäßige Ausübung wirtschaftlicher, sozialer und kultureller Rechte bemühen. In ihren Bestrebungen zur Erlangung dieser Rechte müssen alle Länder ihre eigenen Ressourcen und Prioritäten berücksichtigen und alle Anstrengungen zur Erlangung der vorgeschriebenen Standards unternehmen.

Das Recht auf soziale Sicherheit bedeutet auch, daß eine Gesellschaft für die Gewährleistung der Grundrechte für ihre verletzbaren und benachteiligten Mitglieder Verantwortung trägt.

Artikel 23 – 1. Jeder Mensch hat das Recht auf Arbeit, auf freie Berufswahl, auf angemessene und befriedigende Arbeitsbedingungen sowie auf Schutz gegen Arbeitslosigkeit.
2. Alle Menschen haben ohne jede unterschiedliche Behandlung das Recht auf gleichen Lohn für gleiche Arbeit.
3. Jeder Mensch, der arbeitet, hat das Recht auf angemessene und befriedigende Entlohnung, die ihm und seiner Familie eine der menschlichen Würde entsprechende Existenz sichert und die, wenn nötig, durch andere soziale Schutzmaßnahmen zu ergänzen ist.
4. Jeder Mensch hat das Recht, zum Schutze seiner Interessen Berufsvereinigungen zu bilden und solchen beizutreten.

- *Gibt es internationale Maßnahmen zur Gewährleistung entsprechender Arbeitsbedingungen und der Rechte der arbeitenden Menschen?*

Die obigen Rechte sind auch im Internationalen Pakt über wirtschaftliche, soziale und kulturelle Rechte (siehe Teil I, Frage 17) kodifiziert und ihre Durchsetzung wird vom Komitee über Wirt-

schaftliche, Soziale und Kulturelle Rechte überwacht (siehe auch Teil I, Fragen 18-20). Wie bereits erwähnt, ist die Internationale Arbeitsorganisation (ILO) (siehe auch Teil I, Frage 63) besonders für den Schutz der arbeitenden Menschen verantwortlich. Ihre Überwachungsgremien legen jährliche Berichte darüber vor, wie die ILO-Konventionen beachtet werden; die Organisation bietet auch praktische Hilfe zur Förderung und zum Schutz dieser Rechte an. Es darf nicht unerwähnt bleiben, daß viele wichtige ILO-Konventionen noch nicht von allen Ländern ratifiziert worden sind – sie sollten dazu ermuntert werden.

Gastarbeiter sind eine besonders verletzliche Kategorie von Arbeitskräften, da sie nicht im vollen Besitz der Bürgerrechte sind. Um ihre Situation zu verbessern, wurde von der Vollversammlung der Vereinten Nationen im Jahr 1990 die Internationale Konvention zum Schutz der Rechte aller Gastarbeiter und ihrer Familienangehörigen beschlossen. Sie ist noch nicht in Kraft getreten, da sie noch nicht von der erforderlichen Anzahl von Staaten ratifiziert wurde.[88]

Artikel 24 – Jeder Mensch hat Anspruch auf Erholung und Freizeit sowie auf eine vernünftige Begrenzung der Arbeitszeit und auf periodischen, bezahlten Urlaub.

Wenngleich es der organisierten Arbeitnehmerschaft gelungen ist, Schritt für Schritt eine Begrenzung der täglichen Arbeitszeit durchzusetzen, ist es doch immer noch das Schicksal von Millionen Menschen in der Welt, ohne ausreichenden Schutz der Menschenrechte zu arbeiten. Als Ergebnis der Bemühungen der ILO wurden Verkürzungen der Arbeitswoche international anerkannt. Bisweilen werden Zweifel daran angemeldet, inwieweit Freizeit und Erholung als Menschenrechte anerkannt werden sollten, doch zeigt dieser Artikel der Allgemeinen Erklärung der Menschenrechte wie auch Artikel 7 des Internationalen Pakts über wirtschaftliche, soziale und kulturelle Rechte sehr deutlich, daß sie ihren Platz unter den allgemein anerkannten Menschenrechten haben.

Artikel 25 – 1. Jeder Mensch hat Anspruch auf eine Lebenshaltung, die seine und seiner Familie Gesundheit und Wohlbefinden, einschließlich Nahrung, Kleidung, Wohnung, ärztlicher Betreuung und der notwendigen Leistungen der sozialen Fürsorge, gewährleistet; er hat das Recht auf Sicherheiten im Falle von Arbeitslosigkeit, Krankheit, Invalidität, Verwitwung, Alter oder von anderweitigem Verlust seiner Unterhaltsmittel durch unverschuldete Umstände.
2. Mutter und Kind haben Anspruch auf besondere Hilfe und Unterstützung. Alle Kinder, eheliche und uneheliche, genießen den gleichen sozialen Schutz.

- *Was versteht man unter dem Recht auf angemessenen Lebensstandard?*

Auf diese Frage gibt es viele unterschiedliche Antworten. Trotzdem kann niemand bestreiten, daß darunter zumindest das Recht jedes Menschen auf Befriedigung seiner wichtigsten menschlichen Bedürfnisse nach Nahrung, Unterkunft, Kleidung, Haushaltserfordernissen und Sozialdiensten wie Wasser, sanitäre Einrichtungen, Gesundheit und Bildung zu verstehen ist. Damit ist auch gemeint, daß der Mensch ein Recht auf Arbeit haben sollte, um dadurch einen vertretbaren Lebensstandard zu schaffen, und daß für jene, die dazu nicht in der Lage sind, soziale Sicherheit gewährleistet werden sollte.

ICH BIN HUNGRIG !
HÖR AUF ZU POLITI- SIEREN !
PLANTU

Die in größter Not sind, müssen zuerst berücksichtigt werden, und die Entwicklungsziele sollten den Ärmsten, Benachteiligten und von Diskriminierung Betroffenen Vorrang einräumen.

Artikel 26 – 1. Jeder Mensch hat das Recht auf Bildung. Der Unterricht muß wenigstens in den Elementar- und Grundschulen unentgeltlich sein. Der Elementarunterricht ist obligatorisch. Fachlicher und beruflicher Unterricht soll allgemein zugänglich sein; die höheren Studien sollen allen nach Maßgabe ihrer Fähigkeiten und Leistungen in gleicher Weise offenstehen.
2. Die Ausbildung soll die volle Entfaltung der menschlichen Persönlichkeit und die Stärkung der Achtung der Menschenrechte und Grundfreiheiten zum Ziele haben. Sie soll Verständnis, Duldsamkeit und Freundschaft zwischen allen Nationen und allen rassischen oder religiösen Gruppen fördern und die Tätigkeit der Vereinten Nationen zur Aufrechterhaltung des Friedens begünstigen.
3. In erster Linie haben die Eltern das Recht, die Art der ihren Kindern zuteil werdenden Bildung zu bestimmen.

Die Prioritäten im Bildungsbereich sind von Land zu Land sehr unterschiedlich. Während in vielen Ländern Schulpflicht besteht, konnte in einem großen Teil der Welt die allgemeine Alphabetisierung noch nicht erreicht werden. Fast eine Milliarde Menschen, etwa ein Drittel der erwachsenen Weltbevölkerung, sind Analphabeten. Das Recht auf Bildung wird durch die Verweigerung des gleichen Zugangs zur Erziehung eingeschränkt – vorwiegend das Ergebnis von Benachteiligung, Armut, Ausgrenzung und Diskriminierung.

Die Wahl des Bildungsgangs muss den Erfordernissen der jeweiligen Gesellschaft angepaßt sein; die Minimalforderung nach freier Bildung ist und bleibt ein anzustrebendes Ziel. Selbst in Ländern, in denen Primär- und Sekundärerziehung frei und verpflichtend sind, werden Wahl des Bildungsgangs und Chancengleichheit oft durch die geographische Lage der Schulen, Ungleichheiten in der Finanzierung von Bibliotheken und Ausrüstungsgegenständen oder den Standard der Lehrerbildung negativ beeinflußt.

Der Zugang zu höherer Bildung und Universitätsausbildung ist in den meisten Ländern nicht frei. Vorkehrungen für Stipendien, außerschulische Lehrgänge, Erwachsenenbildungs-Kurse und Weiterbildung im Beruf sind Maßnahmen, durch die die Fortbildungsmöglichkeiten verbessert werden können.

- *Auf welche Weise kann die Achtung der Menschenrechte durch die Erziehung gefördert werden?*

Das weltweit anerkannte weiterführende Bildungsziel ist die volle Entwicklung der menschlichen Persönlichkeit und die verstärkte Achtung für Menschenrechte und Grundfreiheiten. Die Präambel der Allgemeinen Erklärung der Menschenrechte fordert „den einzelnen und alle Organe der Gesellschaft auf... sich zu bemühen, durch Unterricht und Erziehung die Achtung dieser Rechte und Freiheiten zu fördern...". In Übereinstimmung mit internationalen Menschenrechtsinstrumenten soll die Erziehung darauf ausgerichtet sein, eine weltweite Kultur der Menschenrechte durch die Verbreitung von Kenntnissen und Fähigkeiten zu schaffen; die dadurch gebildeten Einstellungen zielen auf:

(a) die Stärkung der Achtung für Menschenrechte und Grundfreiheiten,

(b) die volle Entwicklung der menschlichen Persönlichkeit und das Bewußtsein ihrer Würde,

(c) die Förderung von Verständigung, Toleranz, Gleichheit der Geschlechter und Freundschaft zwischen allen Nationen, eingeborenen Völkern und rassischen, nationalen, ethnischen, religiösen und sprachlichen Gruppen,

(d) die Schaffung der Möglichkeit für alle Menschen, aktiv an einer freien Gesellschaft teilzunehmen,

(e) die Förderung der Tätigkeiten der Vereinten Nationen zur Aufrechterhaltung des Friedens.

Diese Ziele sollten auf allen Ebenen der schulischen Erziehung und des nicht-formalen Lernens verfolgt werden, einschließlich der Vorschulen, der Primär- und Sekundärschulen, der Hochschulen, Berufsschulen, Ausbildungsstätten für öffentliche Bedienstete und in der Information der breiten Öffentlichkeit. Die Vereinten Nationen und ihre Sonderorganisationen fühlen sich diesem Ansatz in allen ihren Bildungs- und Ausbildungsprogrammen verpflichtet.

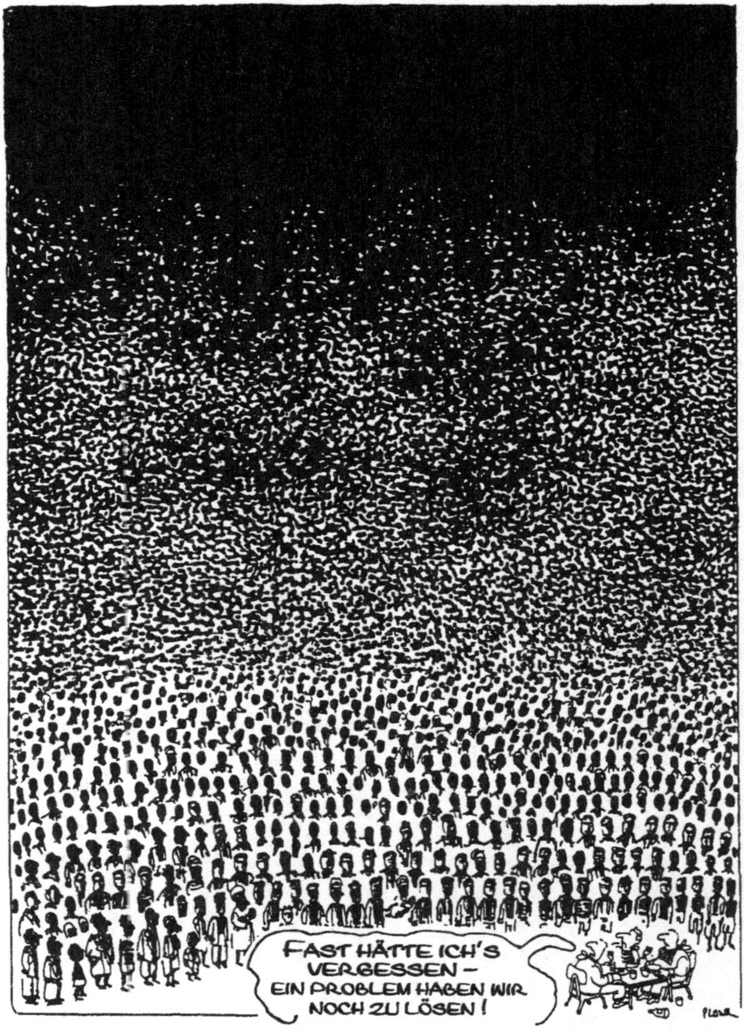
FAST HÄTTE ICH'S VERGESSEN – EIN PROBLEM HABEN WIR NOCH ZU LÖSEN!

Speziell die UNESCO hat diese Ideen in der Empfehlung über Erziehung zu Internationalen Verstehen, Zusammenarbeit und Frieden und Erziehung über Menschenrechte und Grundfreiheiten (1974) weiterentwickelt. In Durchführung dieser Empfehlung wurde im Jahr 1979 der UNESCO-Plan für die Entwicklung des Menschenrechtsunterrichts erarbeitet, der seither auf unterschiedlichste Art und Weise in die Praxis umgesetzt wird.

Artikel 27 – 1. Jeder Mensch hat das Recht, am kulturellen Leben der Gemeinschaft frei teilzunehmen, sich der Künste zu erfreuen und am wissenschaftlichen Fortschritt und dessen Wohltaten teilzuhaben.
2. Jeder Mensch hat das Recht auf Schutz der moralischen und materiellen Interessen, die sich aus jeder wissenschaftlichen, literarischen oder künstlerischen Produktion ergeben, deren Urheber er ist.

Zu den in diesem Artikel behandelten Fragen hat die UNESCO eine Reihe von besonderen Regelungen erarbeitet, so etwa die „Empfehlung betreffend die Teilnahme aller Menschen am kulturellen Leben und ihren Beitrag dazu" (1976), die „Empfehlung über den Status des wissenschaftlichen Forschers" (1974) und mehrere Konventionen über das Urheberrecht.

Zu den kulturellen Rechten zählt das Recht auf Zugang zur eigenen Kultur und zum kulturellen Erbe anderer. Teilnahme ist ein wichtiger Aspekt des Rechts auf Kultur, zu dem Volkskultur wie Drama, Musik, traditioneller Tanz oder Karnevale zählen. Das Recht auf Kultur schließt auch das Recht mit ein, vom wissenschaftlichen und technischen Fortschritt zu profitieren. Es ist festzuhalten, daß kulturelle Rechte noch immer nicht so gut kodifiziert sind wie andere Kategorien der Menschenrechte – sie werden daher manchmal als „unterentwickelte" Kategorie der Menschenrechte bezeichnet.

Artikel 28 – Jeder Mensch hat Anspruch auf eine soziale und internationale Ordnung, in welcher die in der vorliegenden Erklärung angeführten Rechte und Freiheiten voll verwirklicht werden können.

Die wesentlichsten Voraussetzungen für ein Leben in Würde und ein Minimum an Wohlbefinden werden einem großen Teil der Menschheit noch immer vorenthalten (siehe auch Artikel 22). Für sie ist soziale Gerechtigkeit eine Illusion, weil ihnen die Voraussetzungen verwehrt werden, unter denen diese Rechte und Freiheiten verwirklicht werden können. Gleichzeitig schätzt man die weltweiten Ausgaben für militärische Zwecke auf 767 Milliarden Dollar jährlich,[89] und es erhebt sich die legitime Frage, ob diese Situation nicht geändert werden soll.

- *Wie stehen die Chancen für eine Verbesserung der Lage?*

Trotz mehrerer Jahrzehnte internationaler Arbeit im Dienste der Entwicklung wird die Kluft zwischen den reichen und den armen Ländern immer größer; das deutet darauf hin, daß die ungerechte Verteilung der Ressourcen der Welt durch die bestehende Politik und bestehende Institutionen verstärkt wird. Wirtschaftswachstum sollte nicht ein Ziel an sich sein, sondern ein Mittel für eine sinnvolle Entwicklung auf der Grundlage der menschlichen Dimension und des menschlichen Wohlergehens.

Entwicklungsländer finden sich im Würgegriff wirtschaftlicher Abhängigkeit und haben erkannt, daß es zum Abbau der Ungleichgewichte einer Neustrukturierung des internationalen Wirtschaftslebens, aber auch einer Befreiung von externen Schuldenlasten bedarf. Entwickelte Länder haben Schwierigkeiten beim Erkennen der Tatsache, daß sie selbst langfristiges Interesse an Frieden, Sicherheit und Humanität haben, das durch eine politisch beschlossene Veränderung der bestehenden Wirtschaftsordnung gewährleistet werden kann.

In der UN-Deklaration über das Recht auf Entwicklung (1986) wird dieses Recht als ein unveräußerliches Menschenrecht anerkannt.[90]

Deklaration und Aktionsprogramm von Wien (1993) bekräftigen das Recht auf Entwicklung, wie es in der oben erwähnten Erklärung definiert ist, und fordern „wirksame Entwicklungsstrategien auf nationaler Ebene, aber auch gleichberechtigte Wirtschaftsbeziehungen und ein günstiges wirtschaftliches Umfeld auf internationaler Ebene."

Die Beschlüsse wurden auf dem Weltgipfel für Soziale Entwicklung (Kopenhagen, 6.–12. März 1995) bestätigt und weiter vertieft.

Die Teilnehmer am Weltgipfel bestätigten erneut den Grundsatz der Universalität, Unteilbarkeit und wechselseitigen Abhängigkeit aller Menschenrechte und verpflichteten sich, ein wirtschaftliches, politisches, soziales, kulturelles und rechtliches Umfeld zu schaffen, in welchem die Menschen soziale Entwicklung erreichen können. Sie verpflichteten sich auch dem Ziel der Ausrottung der Armut in der Welt durch nationale Maßnahmen und internationale Zusammenarbeit. Sie bekräftigten ferner ihr Bestreben, soziale Integration durch die Unterstützung von stabilen, sicheren und gerechten Gesellschaften zu fördern; Gesellschaften, die auf der Förderung und dem Schutz aller Menschenrechte und auf Nicht-Diskriminierung, Toleranz, Achtung der Vielfalt, Chancengleichheit, Solidarität, Sicherheit und Teilnahme aller Menschen, einschließlich der benachteiligten und verletzbaren Gruppen und

Personen sowie auf der vollen Achtung der menschlichen Würde und der Gleichheit zwischen Männern und Frauen beruht.

Der Weltgipfel hob auch die Notwendigkeit hervor, Achtung der Demokratie, der Herrschaft des Rechts, von Pluralismus und Vielfalt, Toleranz und Verantwortlichkeit, Gewaltlosigkeit und Solidarität dadurch zu fördern, daß Bildungssysteme, Kommunikationsmedien und die lokalen Gemeinden und Organisationen ermuntert werden, das Bewußtsein und das Verständnis der Menschen für alle Aspekte der sozialen Integration zu stärken.

Der Gipfel unterstrich erneut die Verpflichtung der Staaten, die Verwirklichung der in einschlägigen internationalen Instrumenten und Erklärungen, wie etwa der Allgemeinen Erklärung der Menschenrechte, dem Internationalen Pakt für wirtschaftliche, soziale und kulturelle Rechte und der Erklärung über das Recht auf Entwicklung – und in den speziellen Instrumenten in den Bereichen Bildung, Nahrung, Unterkunft, Beschäftigung, Gesundheit und Information enthaltenen Rechte zu fördern und zu gewährleisten; vorrangig sollen dabei jene Menschen berücksichtigt werden, die in Armut leben.

Artikel 29 – 1. Jeder Mensch hat Pflichten gegenüber der Gemeinschaft, in der allein die freie und volle Entwicklung seiner Persönlichkeit möglich ist.
2. Jeder Mensch ist in Ausübung seiner Rechte und Freiheiten nur den Beschränkungen unterworfen, die das Gesetz ausschließlich zu dem Zwecke vorsieht, um die Anerkennung und Achtung der Rechte und Freiheiten der anderen zu gewährleisten und den gerechten Anforderungen der Moral, der öffentlichen Ordnung und der allgemeinen Wohlfahrt in einer demokratischen Gesellschaft zu genügen.
3. Rechte und Freiheiten dürfen in keinem Fall im Widerspruch zu den Zielen und Grundsätzen der Vereinten Nationen ausgeübt werden.

Ist es gerechtfertigt, in den am stärksten benachteiligten Regionen die politische Meinungs- und Organisationsfreiheit zu beschränken, um sich auf die Entwicklung der wirtschaftlichen und sozialen Rechte zu konzentrieren?

Viele Regierungen stellen fest, daß sie im Hinblick auf die in der Allgemeinen Erklärung enthaltenen Menschenrechte Prioritätsprobleme hätten. Für dieses Problem gibt es keine einfache Lösung. Es besteht zwar keine Rangordnung zwischen den Rechten, aber wohl eine wechselseitige Abhängigkeit zwischen den bürgerlichen und politischen Rechten einerseits und den wirtschaftlichen, sozialen und kulturellen Rechten andererseits. Die Durchsetzung wirtschaftlicher, sozialer und kultureller Rechte allein wird nicht zur Durchsetzung der bürgerlichen und politischen Rechte führen. Ganz im Gegenteil, bestimmte politische Rechte sind für jegliche Form der sozialen Gerechtigkeit unerläßlich.

Die Allgemeine Erklärung der Menschenrechte anerkennt die Tatsache, daß Freiheit von Angst und Not für alle Menschen nur dann erreichbar ist, wenn Bedingungen geschaffen werden, unter denen jeder Mensch wirtschaftliche, soziale und kulturelle Rechte ebenso wie die bürgerlichen und politischen Rechte ausüben kann.

Universalität, Unteilbarkeit und Wechselbeziehung aller Menschenrechte und Grundfreiheiten wurde von der Wiener Deklaration und vom Aktionsprogramm (1993) bestätigt. Dort wird festgestellt: „Die internationale Gemeinschaft muß Menschenrechte global, fair und gleichberechtigt behandeln, mit der gleichen Bedeutung versehen". Diese Anerkennung setzt langen und fruchtlosen Diskussionen über die Priorität einer Kategorie von Menschenrechten über eine andere ein Ende und bedeutet, daß alle Menschenrechte für die Gewährleistung menschlicher Würde und Freiheit gleich wichtig sind.

- *Welche Pflichten hat der einzelne?*

Da der einzelne nur innerhalb der Gemeinschaft seine Persönlichkeit voll entwickeln kann, ist es die Pflicht jedes einzelnen, innerhalb der Gesellschaft seine Rechte und Freiheiten zu verteidigen und zu fordern und gleichzeitig die Rechte und Freiheiten der anderen zu achten, um so die Voraussetzung dafür zu schaffen, daß innerhalb der Gemeinschaft die Rechte und Freiheiten voll genutzt werden können. Der 2. Paragraph des Artikels 29 legt allgemeine Regeln hinsichtlich jener Beschränkungen fest, die ein Staat im kollektiven Interesse der Ausübung der Menschenrechte beschließen kann. Nichts berechtigt einen Staat, der Ausübung der in der Allgemeinen Erklärung der Menschenrechte enthaltenen Rechte unangemessene Beschränkungen aufzuerlegen. Die Gesetze einer demokratischen Gesellschaft sollten den Rahmen darstellen, innerhalb dessen die Rechte und Freiheiten ausgeübt werden können. Darüber hinaus ist es die Pflicht von Gerichten und das legitime Anliegen aller Menschen, sicherzustellen, daß von Gesetzes wegen der Ausübung dieser Rechte und Freiheiten auferlegte Beschränkungen ausschließlich aus gültigen, anerkannten und gerechten Gründen eingesetzt werden.

- *Welchen Schutz genießen Einzelpersonen und Gruppen, die im Dienste der Gewährleistung des Schutzes und der Achtung der Menschenrechte tätig sind?*

Anerkanntermaßen sind solche Einzelpersonen und Gruppen in manchen Gesellschaften gefährdet.

Eine Arbeitsgruppe der Menschenrechtskommission (siehe auch Teil I, Frage 7) wurde mit der Aufgabe betraut, eine „Erklärung über die Rechte und Pflichten von Einzelpersonen, Gruppen und Organen der Gesellschaft zur Förderung und zum Schutz universell anerkannter Menschenrechte" zu entwerfen. Es soll dies ein Muster für Maßnahmen zum Schutz der Menschenrechts-Verteidiger werden, die in vielen Teilen der Welt, oft mit großem Risiko für sich selbst, zum Schutz und zur Förderung der allgemein anerkannten Menschenrechtsstandards tätig sind.

Artikel 30 – Keine Bestimmung der vorliegenden Erklärung darf so ausgelegt werden, daß sich daraus für einen Staat, eine Gruppe oder eine Person irgendein Recht ergibt, eine Tätigkeit auszuüben oder eine Handlung zu setzen, welche auf die Vernichtung der in dieser Erklärung angeführten Rechte und Freiheiten abzielt.

Das bedeutet, daß die Deklaration nicht als Vorwand für eine Verletzung der Menschenrechte mißbraucht werden darf. Das gilt nicht nur für Staaten, sondern auch für Gruppen und Einzelpersonen. Es darf also niemand einen Artikel der Erklärung aus dem Zusammenhang nehmen und derart anwenden, daß andere

Artikel verletzt würden. Dieser Artikel, wie auch die Erklärung als ganzes, erfordert stete Wachsamkeit und den Mut, sich für die eigenen Rechte und für die Rechte des anderen einzusetzen. Diese Wachsamkeit und dieser Mut sind der Preis, den wir alle zu zahlen haben, damit eines Tages die Menschenrechte in Theorie und Praxis für alle Mitglieder der menschlichen Familie wirksam werden.

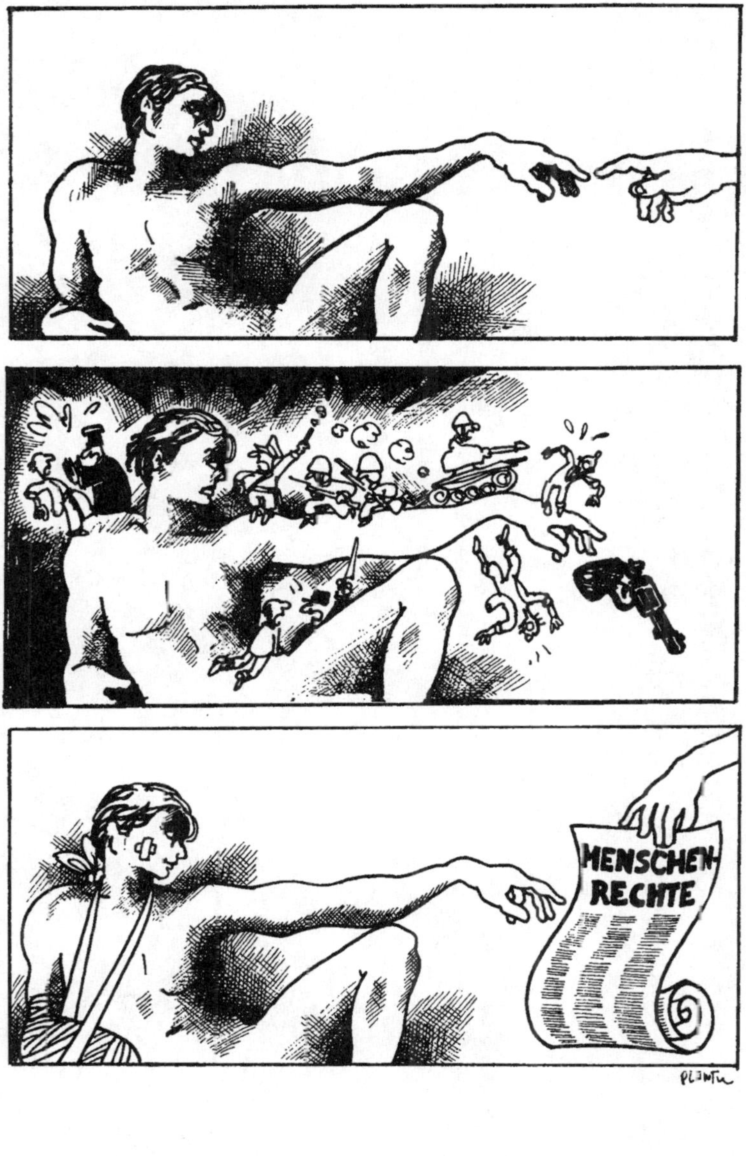
MENSCHEN-
RECHTE
PLANTU

Anmerkungen

Anmerkungen zum Vorwort

1 Präambel der Charta.
2 Allgemeine Erklärung der Menschenrechte, Paragraph 6 der Präambel.
3 Diese Rechtsinstrumente und die Vertragsstaaten werden in der UNESCO-Publikation „Human Rights. Major International Instruments" jährlich veröffentlicht.
4 Artikel 26, Paragraph 2.
5 Die UNESCO-Konvention gegen die Diskriminierung im Unterricht (Artikel 4), der Internationale Pakt über wirtschaftliche, soziale und kulturelle Rechte (Artikel 13), die Konvention über die Beseitigung aller Formen rassischer Diskriminierung (Artikel 7), die Konvention über die Beseitigung aller Formen von Diskriminierung gegen Frauen (Artikel 10), die Konvention über die Rechte des Kindes (Artikel 20).
6 Empfehlung betreffend Erziehung zu internationaler Verständigung, Zusammenarbeit und Frieden und Erziehung für Menschenrechte und Grundfreiheiten.
7 Sie wurde von der UNESCO und dem UN-Zentrum für Menschenrechte in Zusammenarbeit mit der Kanadischen UNESCO-Kommission veranstaltet.
Die Wiener Deklaration und das Aktionsprogramm, Paragraph 5.
9 Resolution 49/184 der Generalversammlung vom 23. Dezember 1994.
10 3300 Schulen in 125 Ländern haben Ende des Jahres 1995 an diesem Projekt mitgearbeitet.
11 Das erste solche Lehrmaterial („Human Rights. Comments and Interpretations") wurde 1949 veröffentlicht. Seither erschienen bei der UNESCO rund 200 Publikationen über menschenrechtsbezogene Themen.
12 Französisch (1981), Spanisch (1982), Finnisch (1983), Deutsch (1984), Griechisch (1985), Portugiesisch (1985), Schwedisch (1985), Arabisch (1986), Dänisch (1986), Indonesisch (1987), Japanisch (1988), Slowakisch (1993), Armenisch (1994) und Belarussisch (1995).
13 Die zweite englische Ausgabe (zu Beginn des Jahres 1989 erschienen) war eine auf den neuesten Stand gebrachte, aber nicht revidierte Version.

Anmerkungen zum Text

1 Zwei wichtige Publikationen zu den Beiträgen verschiedener Denkrichtungen zu Fragen der Menschenrechte sind: „Human Rights. Comments and Interpretations"(Menschenrechte. Kommentare und Interpretationen), London/New York, Alban Wingate, 1948; und „Birthright of Man" (Geburtsrecht des Menschen), Paris, UNESCO, 1969.

2 Henri Dunant (1828-1910, Schweiz), der Gründer des Roten Kreuzes, war zusammen mit dem Franzosen Frédéric Passy der erste Nobelpreisträger (1901).

3 Angenommen mit 48 Stimmen, bei acht Stimmenthaltungen und keiner Gegenstimme.

4 Am 1. Januar 1996 hatten die Vereinten Nationen 185 Mitgliedstaaten.

5 Proklamation von Teheran, angenommen bei der Internationalen Konferenz über Menschenrechte am 13. Mai 1968, Para.2.

6 Wiener Deklaration und Aktionsprogramm, angenommen am 25. Juni 1993 von der Welt-Menschenrechtskonferenz, Präambel, Para.8.

7 Ebendort, operativer Teil, Para.5

8 Per 31. Mai 1996 hatten 129 Staaten sowohl ICESCR als auch ICCPR angenommen: Afghanistan, Ägypten, Albanien, Algerien, Angola, Äquatorial-Guinea, Argentinien, Armenien, Aserbeidschan, Äthiopien, Australien, Barbados, Belarus, Belgien, Benin, Bolivien, Bosnien und Herzegowina, Brasilien, Bulgarien, Burundi, Chile, Costa Rica, Côte d'Ivoire, Dänemark, Demokratische Volksrepublik Korea, Deutschland, Dominica, Dominikanische Republik, Ekuador, El Salvador, Estland, Finnland, Frankreich, Gabun, Gambia, Georgien, Grenada, Guatemala, Guinea, Guyana, Indien, Irak, Iran (Islamische Republik), Irland, Island, Israel, Italien, Jamaika, Japan, Jemen, Jordanien, Jugoslawien (Serbien und Montenegro), Kambodscha, Kamerun, Kanada, Kap Verde, Kenia, Kirgisistan, Kolumbien, Kongo, Kroatien, Kuwait, Lesotho, Lettland, Libanon, Libyen, Litauen, Luxemburg, Madagaskar, Malawi, Mali, Malta, Mauritius, Mazedonien (frühere Jugoslawische Republik), Mexiko, Mongolei, Namibia, Nepal, Neuseeland, Niederlande, Niger, Nigeria, Nikaragua, Norwegen, Österreich, Panama, Paraguay, Peru, Philippinen, Polen, Portugal, Republik Korea, Republik Moldowa, Ruanda, Rumänien, Russische Föderation, Sambia, San Marino, Schweden, Schweiz, Senegal, Seychellen, Slowakei, Slowenien, Somalia, Spanien, Sri Lanka, St.Vincent und die Grenadinen, Sudan, Surinam, Syrische Arabische Republik, Togo, Trinidad und Tobago, Tschad, Tschechische Republik,

Tunesien, Ukraine, Ungarn, Uruguay, Usbekistan, Venezuela, Vereinigte Republik Tansania, Vereinigtes Königreich, Vietnam, Zaire, Zentralafrikanische Republik, Zimbabwe, Zypern. 134 Staaten haben ICESCR ratifiziert (auch Griechenland, Guinea Bissau, Honduras, Salomon-Inseln, Uganda). 133 Staaten haben nur ICCPR ratifiziert (darunter Haiti, Mozambik, Uganda, Vereinigte Staaten von Amerika.

9 Per 31. Mai 1996 haben 87 Staaten das Fakultativprotokoll zu ICCPR ratifiziert: Algerien, Angola, Äquatorial-Guinea, Argentinien, Armenien, Australien, Barbados, Belarus, Belgien, Benin, Bolivien, Bosnien und Herzegowina, Bulgarien, Chile, Costa Rica, Dänemark, Deutschland, Dominikanische Republik, Ekuador, El Salvador, Estland, Finnland, Frankreich, Gambia, Georgien, Guinea, Guyana, Irland, Island, Italien, Jamaika, Kamerun, Kanada, Kirgisistan, Kolumbien, Kongo, Kroatien, Lettland, Libyen, Litauen, Luxemburg, Madagaskar, Malta, Mauritius, Mazedonien (frühere Jugoslawische Republik), Mongolei, Namibia, Nepal, Neuseeland, Niederlande, Niger, Nikaragua, Norwegen, Österreich, Panama, Paraguay, Peru, Philippinen, Polen, Portugal, Republik Korea, Rumänien, Russische Föderation, San Marino, Schweden, Senegal, Seychellen, Slowakische Republik, Slowenien, Somalia, Spanien, St.Vincent und die Grenadinen, Surinam, Trinidad und Tobago, Togo, Tschad, Tschechische Republik, Uganda,Ukraine, Ungarn, Uruguay, Usbekistan, Venezuela, Zaire, Zambia, Zentralafrikanische Republik, Zypern.

10 Per 31. Mai 1996 haben 29 Staaten das Zweite Fakultativprotokoll zum Internationalen Pakt über bürgerliche und politische Rechte betreffend die Abschaffung der Todesstrafe ratifiziert: Australien, Dänemark, Deutschland, Ekuador, Finnland, Irland, Island, Italien, Kroatien, Luxemburg, Malta, Mazedonien (frühere Jugoslawische Republik), Mozambik, Namibia, Neuseeland, Niederlande, Norwegen, Österreich, Panama, Portugal, Rumänien, Schweden, Schweiz, Seychellen, Slowenien, Spanien, Ungarn, Uruguay, Venezuela.

11 Per 31. Mai 1996 waren 121 Staaten Mitglieder der Konvention über die Verhinderung und Bestrafung des Verbrechens des Völkermords: Afghanistan, Ägypten, Albanien, Algerien, Antingua und Barbuda, Argentinien, Armenien, Äthiopien, Australien, Bahamas, Bahrain, Barbados, Belarus, Belgien, Bosnien und Herzegowina, Brasilien, Bulgarien, Burkina Faso, Chile, China, Costa Rica, Côte d'Ivoire, Dänemark, Demokratische Volksrepublik Korea, Demokratische Volksrepublik Laos, Deutschland, Ekuador, El Salvador, Estland, Fiji, Finnland, Frankreich, Gabun, Gambia, Georgien, Ghana, Griechenland, Guatemala, Haiti, Heiliger Stuhl, Honduras, Indien, Irak, Iran (Islamische Republik), Irland, Island, Israel, Italien, Jamaika, Jemen, Jordanien, Jugoslawien (Serbien und Montenegro), Kambodscha, Kanada, Kolumbien, Kroatien, Kuba, Lesotho, Lettland, Libanon, Liberia, Libyen, Liechtenstein,

Litauen, Luxemburg, Malawi, Malediven, Mali, Marokko, Mazedonien (frühere Jugoslawische Republik),Mexiko, Monaco, Mongolei, Mozambik, Myanmar, Namibia, Nepal, Neuseeland, Nicaragua, Niederlande, Norwegen, Österreich, Pakistan, Panama, Papua Neuguinea, Peru, Philippinen, Polen, Republik Korea, Republik Moldowa, Ruanda, Rumänien, Russische Föderation, Saudi-Arabien, Schweden, Senegal, Seychellen, Singapur, Slowakei, Slowenien, Spanien, Sri Lanka, St.Vincent und die Grenadinen, Syrische Arabische Republik, Togo, Tonga, Tschechische Republik, Tunesien, Türkei, Uganda, Ukraine, Ungarn, Uruguay, Venezuela, Vereinigte Republik Tanzania, Vereinigte Staaten von Amerika, Vereinigtes Königreich, Vietnam, Zaire, Zimbabwe, Zypern.

12 Per 31. Mai 1996 waren 146 Staaten Mitglieder der Internationalen Konvention über die Beseitigung aller Formen Rassischer Diskriminierung: Afghanistan, Ägypten, Albanien, Algerien, Antiqua und Barbuda, Argentinien, Armenien, Äthiopien, Australien, Bahamas, Bahrain, Bangladesch, Barbados, Belarus, Belgien, Bolivien, Bosnien und Herzegowina, Botswana, Brasilien, Bulgarien, Burkina Faso, Burundi, Chile, China, Costa Rica, Côte d'Ivoire, Dänemark, Demokratische Volksrepublik Laos, Deutschland, Dominikanische Republik, Ekuador, El Salvador, Estland, Fiji, Finnland, Frankreich, Gabun, Gambia, Ghana, Griechenland, Guatemala, Guinea, Guyana, Haiti, Heiliger Stuhl, Indien, Irak, Iran (Islamische Republik), Island, Israel, Italien, Jamaika, Japan, Jemen, Jordanien, Jugoslawien (Serbien und Montenegro), Kambodscha, Kamerun, Kanada, Kap Verde, Kolumbien, Kongo, Kroatien, Kuba, Kuwait, Lesotho, Lettland, Libanon, Liberia, Libyen, Luxemburg, Madagaskar, Malediven, Mali, Malta, Marokko, Mauretanien, Mauritius, Mazedonien (frühere Jugoslawische Republik), Mexiko, Monaco, Mongolei, Mozambik, Namibia, Nepal, Neuseeland, Niederlande, Niger, Nigeria, Nikaragua, Norwegen, Österreich, Pakistan, Panama, Papua Neuguinea, Peru, Philippinen, Polen, Portugal, Qatar, Republik Korea, Republik Moldowa, Ruanda, Rumänien, Russische Föderation, Sambia, Salomon Inseln, Schweden, Schweiz, Senegal, Seychellen, Sierra Leone, Slowakei, Slowenien, Somalia, Spanien, Sri Lanka, St.Lucia, St.Vincent und die Grenadinen, Sudan, Surinam, Swaziland, Syrische Arabische Republik, Tadschikistan, Togo, Tonga, Trinidad und Tobago, Tschad, Tschechische Republik, Tunesien, Uganda, Ukraine, Ungarn, Uruguay, Usbekistan, Venezuela, Vereinigte Arabische Emirate, Vereinigte Republik Tanzania, Vereinigte Staaten von Amerika, Vereinigtes Königreich, Vietnam, Zaire, Zentralafrikanische Republik, Zimbabwe, Zypern.

13 Im November 1993 besuchte eine solche Mission die Bundesrepublik Jugoslawien (Serbien und Montenegro), um zu einem Dialog für die friedliche Lösung von Menschenrechtsproblemen in Hinblick auf rassische Diskriminierung zwischen Albanern und der Regierung des Kossovo zu gelangen. Das Komitee entsandte auch eines seiner Mitglieder auf eine Mission nach

Kroatien, und zwar im Rahmen des Beratungsdienstes und der Technischen Hilfsprogramme des UN-Menschenrechtszentrums, um die Regierung bei der Durchführung der Konvention zu unterstützen.

14 Per 31. Mai 1996 hatten 22 Staaten eine Erklärung zum Artikel 14 der Internationalen Konvention über die Beseitigung aller Formen der rassischen Diskriminierung abgegeben: Algerien, Australien, Bulgarien, Chile, Costa Rica, Dänemark, Ekuador, Finnland, Frankreich, Island, Italien, Niederlande, Norwegen, Peru, Russische Föderation, Schweden, Senegal, Slowakei, Ukraine, Ungarn, Uruguay, Zypern.

15 In zwei solchen Fällen wurde eine Verletzung der Konvention festgestellt, jeweils in den Niederlanden. Der eine Fall betraf eine türkische Frau, die Diskriminierung am Arbeitsplatz angab; der andere Fall betraf eine marokkanische Familie, die eine Beschwerde wegen Verweigerung einer subventionierten Wohnung einbrachte. Zum Zeitpunkt der Fertigstellung dieser Broschüre waren die entsprechenden Maßnahmen noch nicht festgelegt; daher wird der Bericht über von der Regierung zur Verbesserung der Situation ergriffene Maßnahmen erst im Rahmen des nächsten periodischen Länderberichts des betroffenen Staates vorgelegt werden können.

16 Per 31. Mai 1996 hatten 153 Vertragsstaaten der Konvention über die Beseitigung aller Formen der Diskriminierung von Frauen diese ratifiziert: Ägypten, Albanien, Algerien, Angola, Antiqua und Barbuda, Äquatorial-Guinea, Argentinien, Armenien, Aserbeidschan, Äthiopien, Australien, Bahamas, Bangladesch, Barbados, Belarus, Belgien, Belize, Bosnien und Herzegowina, Brasilien, Bulgarien, Burkina Faso, Burundi, Chile, China, Comoren, Costa Rica, Côte d'Ivoire, Dänemark, Demokratische Volksrepublik Laos, Deutschland, Dominica, Dominikanische Republik, Ekuador, El Salvador, Eritrea, Estland, Fiji, Finnland, Frankreich, Gabun, Gambia, Georgien, Ghana, Grenada, Griechenland, Guatemala,Guinea-Bissau, Guinea, Guyana, Haiti, Honduras, Indien, Indonesien, Irak, Irland, Island, Israel, Italien, Jamaika, Japan, Jemen, Jordanien, Jugoslawien (Serbien und Montenegro), Kambodscha, Kamerun, Kanada, Kap Verde, Kenia, Kolumbien, Kongo, Kroatien, Kuba, Kuwait, Lesotho, Lettland, Liberia, Libyen, Liechtenstein,Marokko, Mauritius, Mazedonien (frühere Jugoslawische Republik), Mexiko, Mongolei, Namibia, Nepal, Neuseeland, Niederlande, Nigeria, Nikaragua, Norwegen, Österreich, Pakistan, Panama, Papua Neuguinea, Paraguay, Peru, Philippinen, Polen, Portugal, Republik Korea, Republik Moldowa, Ruanda, Rumänien, Russische Föderation, Samoa, Schweden, Senegal, Seychellen, Sierra Leone, Singapur, Slowakei, Slowenien, Spanien, Sri Lanka, St.Kitts and Nevis, St.Lucia, St.Vincent und die Grenadinen, Südafrika, Surinam, Tadschikistan, Thailand, Togo, Trinidad und Tobago, Tschad, Tschechische Republik, Tunesien, Türkei, Uganda, Ukraine, Ungarn, Uruguay, Usbekistan, Vanuatu, Venezuela, Vereinigte

Republik Tansania, Vereinigtes Königreich, Vietnam, Zaire, Zambia, Zentralafrikanische Republik, Zimbabwe, Zypern.

17 Diese Konferenz war die zentrale Aktivität des Internationalen Jahres der Frau.

18 Organisiert in der Mitte der UN-Dekade für Frauen: Gleichheit, Entwicklung und Frieden (1976_1985)

19 Angenommen mit Resolution 1994/45 vom 4. März 1994 (Para. 12)

20 Angenommen mit Resolution 48/104 vom 20. Dezember 1993.

21 Per 31.Mai 1996 hatten 187 Vertragsstaaten der Konvention über die Rechte des Kindes diese ratifiziert: Ägypten, Albanien, Algerien, Andorra, Angola, Antigua und Barbuda, Äquatorial-Guinea, Argentinien, Armenien, Aserbeidschan, Äthiopien, Australien, Bahamas, Bahrain, Bangladesch, Barbados, Belarus, Belgien, Belize, Benin, Bhutan, Bolivien, Bosnien und Herzegowina, Botswana, Brasilien, Brunei, Bulgarien, Burkina Faso, Burundi, Chile, China, Costa Rica, Côte d'Ivoire, Dänemark, Daressalam, Demokratische Volksrepublik Korea, Demokratische Volksrepublik Laos, Deutschland, Djibuti, Dominica, Dominikanische Republik, Ekuador, El Salvador, Eritrea, Estland, Fiji, Finnland, Frankreich, Gabun, Gambia, Georgien, Ghana, Grenada, Griechenland, Guatemala, Guinea-Bissau, Guinea, Guyana, Haiti, Heiliger Stuhl, Honduras, Indien, Indonesien, Irak, Iran (Islamische Republik), Irland, Island,Israel, Italien, Jamaika, Japan, Jemen, Jordanien, Jugoslawien (Serbien und Montenegro), Kambodscha, Kamerun, Kanada, Kap Verde, Kasachstan, Kenia, Kirgisistan, Kiribati, Kuwait, Kolumbien, Komoren, Kongo, Kroatien, Kuba, Lesotho, Lettland, Libanon, Liberia, Libyen, Liechtenstein, Litauen, Luxemburg, Madagaskar, Malawi, Malaysia, Malediven, Mali, Malta, Marokko, Marschall-Inseln, Mauretanien, Mauritius, Mazedonien (frühere Jugoslawische Republik) , Mexiko, Monaco, Mongolei, Mozambik, Myanmar, Namibia, Nauru, Nepal, Neuseeland, Niederlande, Niger, Nigeria, Nikaragua, Niue, Norwegen, Österreich, Pakistan, Palau, Panama, Papua-Neuguinea, Paraguay, Peru, Philippinen, Polen, Portugal, Qatar, Republik Korea, Republik Moldowa, Ruanda, Rumänien, Russische Föderation, Salomon Inseln, Sambia,Samoa, San Marino, Sao Tomé und Príncipe, Saudi-Arabien, Schweden, Senegal, Seychellen, Sierra Leone, Singapur, Slowakei, Slowenien, Spanien, Sri Lanka, St.Kitts and Nevis, St.Lucia, St.Vincent und die Grenadinen, Südafrika, Sudan, Surinam, Swaziland, Syrische Arabische Republik, Tadschikistan, Thailand, Togo, Tonga, Trinidad und Tobago, Tschad, Tschechische Republik, Tunesien, Türkei, Turkmenistan, Tuvalu, Uganda, Ukraine, Ungarn, Uruguay, Usbekistan, Vanuatu, Venezuela, Vereinigte Republik Tanzania, Vereinigte Staaten von Mikronesien, Vereinigtes Königreich, Vietnam, Zaire, Zentralafrikanische Republik, Zimbabwe, Zypern.

22 UNICEF erhielt den Friedens-Nobelpreis im Jahr 1965.

23 Per 31. Mai 1996 war die Afrikanische Charta über die Rechte und die Wohlfahrt des Kindes von sechs Ländern ratifiziert worden (Burkina Faso, Kap Verde, Mauritius, Seychellen, Uganda, Zimbabwe).

24 „Study of the Rights of Persons belonging to Ethnic, Religious and Linguistic Minorities" (Studie über die Rechte von Angehörigen ethnischer, religiöser und sprachlicher Minderheiten), von Francesco Capotorti, 1971 von der Unterkommission bei ihrer 24. Sitzung eingesetzter Sonderberichterstatter.

25 „Reports on Possible Ways and Means of Facilitating the Peaceful and Constructive Solution of Problems Involving Minorities"(Berichte über mögliche Mittel und Wege zur Erleichterung der friedlichen und konstruktiven Lösung der Probleme von Minderheiten), erstellt von A. Eide, 1991-93.

26 Angenommen mit Resolution 47/135 am 18. Dezember 1992.

27 Resolution 48/138 der Generalversammlung, 20. Dezember 1993.

28 In einem solchen Fall, Lovelace gegen Kanada, beschwerte sich eine Amerikanerin indianischer Herkunft, daß ihr nach kanadischem Recht die Rückkehr in ihr Reservat verweigert wurde, da sie mit einem nicht-indianischen Mann verheiratet sei. Das Komitee entschied, daß es sich dabei um eine Verletzung von Artikel 27 handelte. Als Ergebnis dieser Entscheidung änderte Kanada das entsprechende Gesetz, um es mit dem Völkerrecht in Einklang zu bringen.

29 Dieser Bericht des Generalsekretärs der Vereinten Nationen wurde über Aufforderung des Gipfeltreffens des Sicherheitsrats vom 31. Januar 1992 erstellt und im Juni 1992 vorgelegt.

30 Im Dezember 1994 erfolgte die Umwandlung zur Organisation für Sicherheit und Zusammenarbeit in Europa (OSZE), mit mehr als 50 Mitgliedstaaten.

31 Per 31. Mai 1996 hatte die ILO-Konvention Nr. 169 betreffend autochthone Völker und Stämme in unabhängigen Staaten 9 Mitgliedstaaten: Bolivien, Kolumbien, Costa Rica, Dänemark, Honduras, Mexiko, Norwegen, Paraguay, Peru.

32 Resolution 48/163 vom 21. Dezember 1993.

33 1. Konvention für die Verbesserung der Lage von verwundeten und kranken Armeeangehörigen im Feld;
2. Konvention für die Verbesserung der Lage von verwundeten, kranken und schiffbrüchigen Mitgliedern der Streitkräfte zur See;

3. Konvention betreffend die Behandlung von Kriegsgefangenen; und
4. Konvention betreffend den Schutz der Zivilbevölkerung in Kriegszeiten.
Alle vier Konventionen wurden am 12. August 1949 angenommen und traten am 21. Oktober 1950 in Kraft.

34 Per 31. Mai 1996 waren 186 Staaten Mitglieder der vier Genfer Konventionen aus 1949: Afghanistan, Ägypten, Albanien, Algerien, Andorra, Angola, Antigua und Barbuda, Äquatorial-Guinea, Argentinien, Armenien, Aserbeidschan, Äthiopien, Australien, Bhutan, Bolivien, Bosnien und Herzegowina, Botswana, Brasilien, Brunei, Bulgarien, Burkina Faso, Burundi, Chile, China, Costa Rica, Côte d'Ivoire, Dänemark, Daressalam, Demokratische Volksrepublik Korea, Demokratische Volksrepublik Laos, Deutschland, Djibuti, Dominica, Dominikanische Republik, Ekuador, El Salvador, Estland, Fiji, Finnland, Frankreich, Gabun, Gambia, Georgien, Ghana, Grenada, Griechenland, Guatemala, Guinea-Bissau, Guinea, Guyana, Haiti, Heiliger Stuhl, Honduras, Indien, Indonesien, Irak, Iran (Islamische Republik), Irland, Island, Israel, Italien, Jamaika, Japan, Jemen, Jordanien, Jugoslawien (Serbien und Montenegro), Kambodscha, Kamerun, Kanada, Kap Verde, Kasachstan, Kenia, Kirgisistan, Kiribati, Kolumbien, Komoren, Congo, Kroatien, Kuba, Kuwait, Lesotho, Lettland, Libanon, Malawi, Malaysia, Malediven, Mali, Malta, Marokko, Mauretanien, Mauritius, Mexiko, Monaco, Mongolei, Mozambik, Myanmar, Namibia, Nepal, Neuseeland, Nicaragua, Niederlande, Niger, Nigeria, Norwegen, Oman, Österreich, Pakistan, Panama, Papua-Neuguinea, Paraguay, Peru, Philippinen, Polen, Portugal, Qatar, Republik Korea, Republik Moldowa, Ruanda, Rumänien, Russische Föderation, Salomon Inseln, Sambia, Samoa, San Marino, Sao Tomé und Príncipe, Saudi-Arabien, Schweden, Schweiz, Senegal, Seychellen, Sierra Leone, Singapur, Slowakei, Slowenien, Somalia, Spanien, Sri Lanka, St.Kitts and Nevis, St.Lucia, St.Vincent und die Grenadinen, Südafrika, Sudan, Surinam, Swaziland, Syrische Arabische Republik, Tadschikistan, Thailand, Mazedonien (frühere Jugoslawische Republik), Togo, Tonga, Trinidad und Tobago, Tschad, Tschechische Republik, Tunesien, Türkei, Turkmenistan, Tuvalu, Uganda, Ukraine, Ungarn, Uruguay, Usbekistan, Vanuatu, Venezuela, Vereinigte Arabische Emirate, Vereinigte Republik Tanzania, Vereinigte Staaten von Amerika, Vereinigtes Königreich, Vietnam, Zaire, Zentralafrikanische Republik, Zimbabwe, Zypern.

35 Das Zusatzprotokoll I der Genfer Konventionen trat am 7. Dezember 1978 in Kraft, am 31. Mai 1996 waren 144 Staaten Mitglieder: Ägypten, Albanien, Algerien, Angola, Antigua und Barbuda, Äquatorial-Guinea, Argentinien, Armenien, Äthiopien, Australien, Bahamas, Bahrain, Bangladesch, Barbados, Belarus, Belgien, Belize, Benin, Bolivien, Bosnien und Herzegowina, Botswana, Brasilien, Brunei, Bulgarien, Burkina Faso, Burundi, Chile, China, Costa Rica, Côte d'Ivoire, Dänemark, Daressalam, Demokratische Volksrepublik Korea, Demokratische Volksrepublik Laos, Deutschland, Djibuti,

Dominica, Dominikanische Republik, Ekuador, El Salvador, Estland, Finnland, Gabun, Gambia, Georgien, Ghana, Griechenland, Guatemala, Guinea-Bissau, Guinea, Guyana, Heiliger Stuhl, Honduras, Island, Italien, Jamaika, Jemen, Jordanien, Jugoslawien (Serbien und Montenegro), Kamerun, Kanada, Kap Verde, Kasachstan, Kirgisistan, Kolumbien, Komoren, Kongo, Kroatien, Kuba, Kuwait, Lesotho, Lettland, Liberia, Libyen, Liechtenstein, Luxemburg, Madagaskar, Malawi, Malediven, Mali, Malta, Mauretanien, Mauritius, Mexiko, Mongolei, Mozambik, Namibia, Neuseeland, Niederlande, Niger, Nigeria, Norwegen, Oman, Österreich, Panama, Paraguay, Peru, Polen, Portugal, Qatar, Republik Korea, Republik Moldowa, Ruanda, Rumänien, Russische Föderation, Salomon Inseln, Sambia, Samoa, San Marino, Saudi-Arabien, Schweden, Schweiz, Senegal, Seychellen, Sierra Leone, Slowakei, Slowenien, Spanien, St.Kitts und Nevis, St.Lucia, St.Vincent und die Grenadinen, Südafrika, Surinam, Swaziland, Syrische Arabische Republik, Tadschikistan, Mazedonien (frühere Jugoslawische Republik), Togo, Tschechische Republik, Tunesien, Turkmenistan, Uganda, Ukraine, Ungarn, Uruguay, Usbekistan, Vanuatu, Vereinigte Arabische Emirate, Vereinigte Republik Tanzania, Vereinigte Staaten von Mikronesien, Vietnam, Zaire, Zentralafrikanische Republik, Zimbabwe, Zypern.

36 Das Zusatzprotokoll II zu den Genfer Konventionen trat am 7. Dezember 1978 in Kraft; am 31. Mai 1996 waren 136 Staaten Mitglieder: Ägypten, Albanien, Algerien, Antigua und Barbuda, Äquatorial-Guinea, Argentinien, Armenien, Äthiopien, Australien, Bahamas, Bahrain, Bangladesch, Barbados, Belarus, Belgien, Belize, Benin, Bolivien, Bosnien und Herzegowina, Botswana, Brasilien, Brunei, Bulgarien, Burkina Faso, Burundi, Chile, China, Costa Rica, Côte d'Ivoire, Dänemark, Demokratische Volksrepublik Laos, Deutschland, Djibuti, Dominica, Dominikanische Republik, Ekuador, El Salvador, Estland, Finnland, Frankreich, Gabun, Gambia, Georgien, Ghana, Griechenland, Guatemala, Guinea-Bissau, Guinea, Guyana, Heiliger Stuhl, Honduras, Island, Italien, Jamaika, Jemen, Jordanien, Jugoslawien (Serbien und Montenegro), Kamerun, Kanada, Kap Verde, Kasachstan, Kirgisistan, Kolumbien, Komoren, Kongo, Kroatien, Kuwait, Lesotho, Lettland, Liberia, Libyen, Liechtenstein, Luxemburg, Madagaskar, Malawi, Malediven, Mali, Malta, Mauretanien, Mauritius, Mazedonien (frühere Jugoslawische Republik), Mongolei, Namibia, Neuseeland, Niederlande, Niger, Nigeria, Norwegen, Oman, Österreich, Panama, Paraguay, Peru, Philippinen, Polen, Portugal, Republik Korea, Republik Moldowa, Ruanda, Rumänien, Russische Föderation, Salomon Inseln, Samoa, San Marino, Schweden, Schweiz, Senegal, Seychellen, Sierra Leone, Slowakei, Slowenien, Spanien, St.Kitts and Nevis, St.Lucia, St.Vincent und die Grenadinen, Südafrika, Surinam, Swaziland, Tadschikistan, Togo, Tschechische Republik, Tunesien, Turkmenistan, Tuvalu, Uganda, Ukraine, Ungarn, Uruguay, Usbekistan, Vanuatu, Vereinigte Arabische Emirate, Vereinigte Republik Tanzania,

Vereinigte Staaten von Mikronesien, Zentralafrikanische Republik, Zimbabwe, Zypern.

37 Manche Experten halten die UNESCO-Konvention zum Schutz von Kulturgütern im Falle bewaffneter Konflikte, zusammen mit den Vorkehrungen für die Durchführung der Konvention und das Protokoll zur Konvention sowie die Konferenz-Resolutionen (1954) für einen Teil des humanitären Rechts.

38 Das 1863 gegründete Internationale Komitee vom Roten Kreuz und die Vereinigung der Rot-Kreuz- und Roter-Halbmond-Gesellschaften bilden zusammen mit den nationalen Rot-Kreuz- und Roter-Halbmond-Gesellschaften die Internationale Rot-Kreuz- und Roter-Halbmond-Bewegung. ICRC erhielt den Friedens-Nobelpreis in den Jahren 1917, 1944 und 1963.

39 Die erste Sitzung fand im November 1993 in Den Haag (Niederlande) statt.

40 Per 31. Mai 1996 haben 123 Staaten sowohl die Konvention über den Status von Flüchtlingen (1954 in Kraft getreten) als auch das 1976 in Kraft getretene Protokoll ratifiziert: Ägypten, Albanien, Algerien, Angola, Antigua und Barbuda, Äquatorial-Guinea, Argentinien, Armenien, Aserbeidschan, Äthiopien, Australien, Bahamas, Belgien, Belize, Benin, Bolivien, Bosnien und Herzegowina, Botswana, Brasilien, Bulgarien, Burkina Faso, Burundi, Chile, China, Costa Rica, Côte d'Ivoire, Dänemark, Deutschland, Djibouti, Dominica, Dominikanische Republik, Ekuador, El Salvador, Fiji, Finnland, Frankreich, Gabun, Gambia, Ghana, Griechenland, Guatemala, Guinea-Bissau, Guinea, Haiti, Heiliger Stuhl, Honduras, Iran (Islamische Republik), Irland, Island, Israel, Italien, Jamaika, Japan, Jemen, Jugoslawien (Serbien und Montenegro), Kambodscha, Kamerun, Kanada, Kenia, Kolumbien, Kongo, Kroatien, Lesotho, Liberia, Liechtenstein, Mazedonien (frühere Jugoslawische Republik),Neuseeland, Niederlande, Niger, Nigeria, Nikaragua, Norwegen, Österreich, Panama, Papua-Neuguinea, Paraguay, Peru, Philippinen, Polen, Portugal, Republik Korea, Rumänien, Ruanda, Russische Föderation, Salomon Inseln, Sambia, Samoa, Sao Tomé und Principe, Schweden, Schweiz, Seychellen, Sierra Leone, Slowakei, Slowenien, Somalia, Spanien, Südafrika, Sudan, Surinam, Tadschikistan, Togo, Senegal, Tschad, Tschechische Republik, Tunesien, Türkei, Tuvalu, Uganda, Ungarn, Uruguay, Vereinigte Republik Tanzania, Vereinigtes Königreich, Zaire, Zentralfrikanische Republik, Zimbabwe, Zypern.
Länder, die nur die Konvention ratifiziert haben, sind Madagaskar, Monaco, Namibia, St.Vincent und die Grenadinen. Nur das Protokoll haben ratifiziert: Kap Verde, Swaziland, Vereinigte Staaten von Amerika, Venezuela.

41 Die Tätigkeiten von UNHCR wurden durch die Verleihung des Friedens-Nobelpreises in den Jahren 1954 und 1981 gewürdigt.

42 UNHCR leistete Hilfe dieser Art in Aserbeidschan, Bosnien und Herzegowina, Sri Lanka und Tadschikistan.

43 Statement von Mrs.Ogata, UN-Hochkommissarin für Flüchtlinge.

44 Per 31. Mai 1996 hatten 43 Staaten die Konvention über Spezifische Aspekte von Flüchtlingsproblemen in Afrika ratifiziert: Ägypten, Algerien, Angola, Äquatorial-Guinea, Äthiopien, Benin, Botswana, Burkina Faso, Burundi, Gabun, Gambia, Ghana, Guinea-Bissau, Guinea, Kamerun, Kap Verde, Kenia, Kongo, Lesotho, Liberia, Libyen, Malawi, Mali, Mauretanien, Mozambik, Niger, Nigeria, Ruanda, Sambia, Senegal, Seychellen, Sierra Leone, Südafrika, Sudan, Swaziland, Togo, Tschad, Tunesien, Uganda, Vereinigte Republik Tanzania, Zaire, Zentralafrikanische Republik, Zimbabwe.

45 Bis 1994 waren nicht weniger als 55 Länder untersucht worden.

46 Bis Juni 1994 gab es 10 thematische Mandate (mit weltweitem Auftrag) und 14 Länder- oder Situationsmandate.

47 1993 gingen 5.523 neue Fälle von verschwundenen Personen in 30 Ländern ein. Die Gesamtzahl von Fällen, die von der Arbeitsgruppe im Dezember 1993 untersucht wurde, betrug 33.843.

48 Afghanistan, Haiti, Iran (Islamische Republik), Irak, Kuba, Myanmar, Ruanda und Ex-Jugoslawien.

49 Situationen in Äquatorial-Guinea, den besetzten arabischen Gebieten einschließlich Palästina und Zaire. Es gab auch eine Arbeitsgruppe über das Südliche Afrika, ein Spezialkomitee für die Untersuchung israelischer Praktiken, die die Menschenrechte der Bevölkerung der besetzten arabischen Gebiete betrafen, und das Komitee über die Ausübung der unveräußerlichen Rechte des palästinensischen Volkes.

50 Im Jahr 1994 gab es sechs solche Beamte, die in Zagreb (Kroatien) im Dienste des Sonderberichterstatters für Ex-Jugoslawien stationiert waren.

51 Wiener Deklaration und Aktionsprogramm, Para. 18.

52 José Ayala-Lasso (Ekuador) wurde der erste UN-Hochkommissar für Menschenrechte.

53 In diesem Zusammenhang initiierte der Hochkommissar eine Aktion in Burundi, um auflebende Spannungen zu zerstreuen und die Situation zu stabilisieren; damit sollte eine mögliche umfangreiche Menschenrechtsverletzung vermieden werden. Mitte Juni 1994 wurde im Anschluß an Verhandlungen

mit der Regierung in Burundi ein Menschenrechts-Büro eingerichtet, um bei der Durchführung eines extensiven Programms technischer Zusammenarbeit im Bereich der Menschenrechte mitzuwirken; dazu zählten die Bereitstellung von Fachwissen, die Einrichtung von Institutionen, Ausbildung, Erziehung und Information.

54 Solche Büros wurden unter anderem in Kambodscha, Burundi, Malawi und Guatemala eingerichtet.

55 Per 31. Mai 1996 hatten 85 Staaten die UNESCO-Konvention gegen Diskriminierung im Unterricht ratifiziert: Ägypten, Albanien, Algerien, Argentinien, Armenien, Australien, Barbados, Belarus, Belize, Benin, Bosnien und Herzegowina, Brasilien, Brunei, Bulgarien, Chile, China, Costa Rica, Dänemark, Deutschland, Dominica, Dominikanische Republik, Ekuador, Finnland, Frankreich, Georgien, Guatemala, Guinea, Indonesien, Irak, Iran (Islamische Republik), Israel, Italien, Jordanien, Kirgisistan, Kongo, Kroatien, Kuba, Kuwait, Libanon, Liberia, Libyen, Luxemburg, Madagaskar, Malta, Marokko, Mauritius, Mongolei, Neuseeland, Niederlande, Niger, Nigeria, Nikaragua, Norwegen, Panama, Peru, Philippinen, Polen, Portugal, Republik Moldowa, Rumänien, Russische F_deration, Salomon Inseln, Saudi-Arabien, Schweden, Senegal, Sierra Leone, Slowakei, Slowenien, Spanien, Sri Lanka, St.Vincent und die Grenadinen, Tadschikistan, Tschechische Republik, Tunesien, Uganda, Ukraine, Ungarn, Venezuela, Vereinigte Republik Tanzania, Vereinigtes Königreich, Vietnam, Zentralafrikanische Republik, Zypern, Jugoslawien (Serbien und Montenegro).

56 Das 1962 angenommene UNESCO-Protokoll über die Einrichtung einer Kommission für Versöhnung und Gute Dienste zur Beilegung von Auseinandersetzungen, die sich zwischen Vertragsstaaten der Konvention gegen die Diskriminierung im Unterricht ergeben könnten, trat 1968 in Kraft. Per 31. Mai 1996 hatten 31 Staaten dieses Protokoll ratifiziert: Ägypten, Argentinien, Australien, Brunei, Costa Rica, Dänemark, Deutschland, Dominica, Frankreich, Guatemala, Israel, Italien, Jordanien, Libyen, Madagaskar, Malta, Niederlande, Niger, Norwegen, Panama, Philippinen, Portugal, Salomon Inseln, Senegal, Spanien, St.Vincent und die Grenadinen, Uganda, Vereinigtes Königreich, Vietnam, Zypern.

57 Die Empfehlung betreffend den Status des Künstlers (1980), das Allgemeine Urheberrechts-Abkommen (1952, revidiert 1971) und die Empfehlung über den Status des Wissenschaftlichen Forschers (1974).

58 ILO erhielt den Friedens-Nobelpreis im Jahr 1969.

59 Albanien, Andorra, Belgien, Bulgarien, Dänemark, Deutschland, Estland, Finnland, Frankreich, Griechenland, Irland, Island, Italien, Lettland,

Liechtenstein, Litauen, Luxemburg, Malta, Mazedonien (frühere Jugoslawische Republik) , Niederlande, Norwegen, Österreich, Polen, Portugal, Republik Moldowa, Rumänien, Russische Föderation, San Marino, Schweden, Schweiz, Slowakei, Slowenien, Spanien, Tschechische Republik, Türkei, Ukraine, Ungarn, Vereinigtes Königreich, Zypern.

60 Andorra, Belgien, Bulgarien, Dänemark, Deutschland, Estland, Finnland, Frankreich, Griechenland, Irland, Island, Italien, Liechtenstein, Litauen, Luxemburg, Malta, Niederlande, Norwegen, Österreich, Polen, Portugal, Rumänien, San Marino, Schweden, Schweiz, Slowakei, Slowenien, Spanien, Tschechische Republik, Türkei, Ungarn, Vereinigtes Königreich, Zypern.

61 Per 31. Mai 1996 verzeichnete die Europäische Sozial-Charta 20 Signatarstaaten: Belgien, Dänemark, Deutschland, Finnland, Frankreich, Griechenland, Irland, Island, Italien, Luxemburg, Malta, Niederlande, Norwegen, Österreich, Portugal, Schweden, Spanien, Türkei, Vereinigtes Königreich, Zypern.

62 Die 1963 geschaffene OAU umfaßte Mitte 1996 53 Mitgliedstaaten: Algerien, Angola, Äquatorial-Guinea, Benin, Botswana, Burkina Faso, Burundi, Côte d'Ivoire, Djibuti, Ägypten, Eritrea, Gabun, Gambia, Ghana, Guinea-Bissau, Guinea, Kamerun, Kap Verde, Kenia, Komoren, Kongo, Lesotho, Liberia, Libyen, Madagaskar, Malawi, Mali, Mauretanien, Mauritius, Mozambik, Namibia, Niger, Nigeria, Ruanda, Sambia, Sao Tomé und Principe, Senegal, Seychellen, Sierra Leone, Somalia, Südafrika, Sudan, Swaziland, Togo, Tunesien, Tschad, Uganda, Vereinigte Republik Tanzania, Zaire, Zentralafrikanische Republik, Zimbabwe sowie die von der OAU anerkannte Demokratische Republik Saharawi (Marokko hob die Mitgliedschaft 1984 auf).

63 Ägypten, Algerien, Angola, Äquatorial-Guinea, Arabische Demokratische Republik Saharawi (von der OAU anerkannt), Benin, Botswana, Burkina Faso, Burundi, Côte d'Ivoire, Djibuti, Gabun, Gambia, Ghana, Guinea-Bissau, Guinea, Kamerun, Kap Verde, Kenia, Komoren, Kongo, Lesotho, Liberia, Libyen, Madagaskar, Malawi, Mali, Mauretanien, Mauritius, Mozambik, Namibia, Niger, Nigeria, Ruanda, Sambia, Sao Tomé und Principe, Senegal, Seychellen, Sierra Leone, Somalia, Sudan, Swaziland, Togo, Tschad, Tunesien, Uganda, Vereinigte Republik Tanzania, Zaire, Zentralafrikanische Republik, Zimbabwe.

64 Bis Juli 1994 waren mehr als einhundert individuelle Beschwerden unter dem „nicht-staatlichen" Vorgehen entgegengenommen worden, in erster Linie von nichtstaatlichen Organisationen außerhalb Afrikas.

65 Im Jahr 1994 wurden 52 solche Fälle bekannt.

66 Dies geschah nur ein einziges Mal, und zwar im Jahr 1994, als man eine Verletzung gegen Mali feststellte.

67 Die OAS wurde 1890 unter der Bezeichnung Internationale Union Amerikanischer Republiken gegründet und änderte im Jahr 1948 ihren Namen in Organisation Amerikanischer Staaten.

68 Diese Staaten sind: Antigua und Barbuda, Argentinien, Bahamas, Barbados, Belize, Bolivien, Brasilien, Chile, Costa Rica, Dominica, Dominikanische Republik, Ekuador, El Salvador, Grenada, Guatemala, Guyana, Haiti, Honduras, Jamaika, Kanada, Kolumbien, Mexiko, Nikaragua, Panama, Paraguay, Peru, St.Kitts and Nevis, St.Lucia, St.Vincent und die Grenadinen, Surinam, Trinidad und Tobago, Uruguay, Venezuela, Vereinigte Staaten von Amerika.
Im Jahr 1962 wurde die Mitgliedschaft der Regierung von Kuba von der OAS suspendiert. Kuba hat die Charta der OAS jedoch nicht außer Kraft gesetzt; die Inter-Amerikanische Kommission für Menschenrechte wacht und berichtet über die Situation in Kuba.

69 Eine solche Genehmigung wurde Argentinien, Chile, der Dominikanischen Republik, El Salvador, Haiti, Guatemala und Surinam gewährt.

70 Per 31. Mai 1996 hatten 25 Staaten die Amerikanische Menschenrechts-Konvention ratifiziert: Argentinien, Barbados, Bolivien, Brasilien, Chile, Costa Rica, Dominica, Dominikanische Republik, Ekuador, El Salvador, Grenada, Guatemala, Haiti, Honduras, Jamaika, Kolumbien, Mexiko, Nikaragua, Panama, Paraguay, Peru, Surinam, Trinidad und Tobago, Uruguay, Venezuela.

71 Bis zum 31. Mai 1996 lagen nur sieben Ratifizierungen des Zusatzprotokolls zur Amerikanischen Konvention betreffend wirtschaftliche, soziale und kulturelle Rechte vor: Ekuador, El Salvador, Mexiko, Panama, Peru, Surinam und Uruguay.

72 1975 gab es 35 teilnehmende Staaten, zu Beginn 1996 war ihre Zahl auf 54 angestiegen: Albanien, Armenien, Aserbeidschan, Belarus, Belgien, Bosnien und Herzegowina, Bulgarien, Dänemark, Deutschland, Estland, Finnland, Frankreich, Georgien, Griechenland, Heiliger Stuhl, Irland, Island, Italien, Jugoslawien (Serbien und Montenegro; die Mitgliedschaft ruht), Kanada, Kasachstan, Kirgisistan, Kroatien, Lettland, Liechtenstein, Litauen, Luxemburg, Malta, Mazedonien (frühere Jugoslawische Republik), Monaco, Niederlande, Norwegen, Österreich, Polen, Portugal, Republik Moldowa, Rumänien, Russische Föderation, San Marino, Schweden, Schweiz, Slowakei, Slowenien, Spanien, Tadschikistan, Tschechische Republik, Türkei, Turkmenistan, Ukraine, Ungarn, Usbekistan, Vereinigte Staaten von Amerika, Vereinigtes Königreich, Zypern.

73 Siehe Wiener Deklaration und Aktionsprogramm (Para. 38).

74 Resolution 48/126 der Vollversammlung vom 20. Dezember 1993.

75 Das Protokoll zur Amerikanischen Menschenrechts-Konvention war bis zum 31. Mai 1995 noch nicht in Kraft getreten, da sie nur von drei Mitgliedstaaten ratifiziert wurde: Panama, Uruguay und Venezuela.

76 Per 31. Mai 1996 hatten 24 Vertragsstaaten das Protokoll No.6 der Europäischen Konvention für Menschenrechte ratifiziert: Andorra, Dänemark, Deutschland, Finnland, Frankreich, Irland, Island, Italien, Liechtenstein, Luxemburg, Malta, Niederlande, Norwegen, Österreich, Portugal, Rumänien, San Marino, Schweden, Schweiz, Slowakei, Slowenien, Spanien, Tschechische Republik, Ungarn.

77 Die Zusatzkonvention zur Abschaffung von Sklaverei, Sklavenhandel und der Sklaverei ähnlichen Institutionen und Praktiken trat am 30. April 1957 in Kraft; bis zum 31. Mai 1996 hatten sie 114 Staaten ratifiziert: Afghanistan, Ägypten, Albanien, Algerien, Antigua und Barbuda, Argentinien, Äthiopien, Australien, Bahamas, Bahrain, Bangladesch, Barbados, Belarus, Belgien, Bolivien, Bosnien und Herzegowina, Brasilien, Bulgarien, Chile, Côte d'Ivoire, Dänemark, Demokratische Volksrepublik Laos, Deutschland, Djibuti, Dominica, Dominikanische Republik, Ekuador, Fiji, Finnland, Frankreich, Ghana, Griechenland, Guatemala, Guinea, Haiti, Indien, Irak, Iran (Islamische Republik), Irland, Island, Israel, Italien, Jamaika, Jordanien, Jugoslawien (Serbien und Montenegro), Kambodscha, Kamerun, Kanada, Kongo, Kroatien, Kuba, Kuwait, Lesotho, Lettland, Libyen, Luxemburg, Madagaskar, Malawi, Malaysia, Mali, Malta, Marokko, Mauretanien, Mauritius, Mazedonien (frühere Jugoslawische Republik),Mexiko, Mongolei, Nepal, Neuseeland, Niederlande, Niger, Nigeria, Nikaragua, Norwegen, Österreich, Pakistan, Philippinen, Polen, Portugal, Rumänien, Russische Föderation, Salomon Inseln, Sambia, San Marino, Saudi-Arabien, Schweden, Schweiz, Senegal, Seychellen, Sierra Leone, Singapur, Slowenien, Slowakei, Spanien, Sri Lanka, St.Lucia, St.Vincent und die Grenadinen, Sudan, Surinam, Syrische Arabische Republik, Togo, Trinidad und Tobago, Tschechische Republik, Tunesien, Türkei, Uganda, Ukraine, Ungarn, Vereinigte Republik Tanzania, Vereinigte Staaten von Amerika, Vereinigtes Königreich, Zaire, Zentralafrikanische Republik, Zypern.

78 Die Konvention über die Unterdrückung des Handels mit Personen und der Ausbeutung der Prostitution Anderer trat im Jahr 1951 in Kraft; mit Stand vom 31. Mai 1996 waren 70 Staaten ihr beigetreten: Afghanistan, Ägypten, Albanien, Algerien, Argentinien, Äthiopien, Bangladesch, Belarus, Belgien, Bolivien, Bosnien und Herzegowina, Brasilien, Bulgarien, Burkina Faso, Demokratische Volksrepublik Laos, Djibuti, Ekuador, Finnland, Frankreich,

Guinea, Haiti, Honduras, Indien, Irak, Israel, Italien, Japan, Jemen, Jordanien, Jugoslawien (Serbien und Montenegro), Kamerun, Kongo, Kroatien, Kuba, Kuwait, Lettland, Libyen, Luxemburg, Malawi, Mali, Marokko, Mauretanien, Mazedonien (frühere Jugoslawische Republik), Mexiko, Niger, Norwegen, Pakistan, Philippinen, Polen, Portugal, Republik Korea, Rumänien, Russische Föderation, Senegal, Seychellen, Singapur, Slowakei, Slowenien, Spanien, Sri Lanka, Südafrika, Syrische Arabische Republik, Togo, Tschechische Republik, Ukraine, Ungarn, Venezuela, Zentralafrikanische Republik, Zimbabwe, Zypern.

79 Per 31. Mai 1996 gab es 96 Vertragsstaaten der Konvention gegen Folter und andere grausame, unmenschliche und entwürdigende Behandlung oder Bestrafung: Afghanistan, Ägypten, Albanien, Algerien, Antigua und Barbuda, Argentinien, Armenien, Äthiopien, Australien, Belarus, Belize, Benin, Bosnien und Herzegowina, Brasilien, Bulgarien, Burundi, Chile, China, Costa Rica, Côte d'Ivoire, Dänemark, Deutschland, Ekuador, Estland, Finnland, Frankreich, Georgien, Griechenland, Guatemala, Guinea, Guyana, Israel, Italien, Jemen, Jordanien, Jugoslawien (Serbien und Montenegro),Kambodscha, Kamerun, Kanada, Kap Verde, Kolumbien, Kroatien, Kuba, Kuwait, Lettland, Libyen, Liechtenstein, Litauen, Luxemburg, Malta, Marokko, Mauritius, Mazedonien (frühere Jugoslawische Republik),Mexiko, Monaco, Namibia, Nepal, Neuseeland, Niederlande, Norwegen, Österreich, Panama, Paraguay, Peru, Philippinen, Polen, Portugal, Republik Korea, Republik Moldowa, Rumänien, Russische Föderation, Schweden, Schweiz, Senegal, Seychellen, Slowakei, Slowenien, Somalia, Spanien, Sri Lanka, Tadschikistan, Togo, Tschad, Tschechische Republik, Tunesien, Türkei, Uganda, Ukraine, Ungarn, Uruguay, Usbekistan, Venezuela, Vereinigte Staaten von Amerika, Vereinigtes Königreich, Zaire, Zypern.
Zu diesem Thema siehe auch Nigel Rodley, „The Treatment of Prisoners under International Law" (Die Behandlung von Gefangenen unter internationalem Recht), Paris/Oxford, UNESCO/Oxford University Press, 1987. Es ist auch interessant anzumerken, daß 1981 der Freiwillige Fonds der Vereinten Nationen für die Opfer von Folter eingerichtet wurde.

80 Bis zum 31. Mai 1996 haben 38 Staaten beide Erklärungen abgegeben und damit die Kompetenz des Komitees gegen Folter unter Artikel 21 und 22 der Konvention gegen Folter und andere grausame, unmenschliche oder degradierende Behandlung oder Strafen anerkannt: Algerien, Argentinien, Australien, Bulgarien, Dänemark, Ekuador, Finnland, Frankreich, Griechenland, Italien, Jugoslawien (Serbien und Montengro),Kanada, Kroatien, Liechtenstein, Luxemburg, Malta, Monaco, Neuseeland, Niederlande, Norwegen, Österreich, Polen, Portugal, Russische Föderation, Schweden, Schweiz, Slowakei, Slowenien, Spanien, Togo, Tunesien, Türkei, Ungarn, Uruguay, Venezuela, Vereinigte Staaten von Amerika, Vereinigtes Königreich, Zypern.

81 Per 31. Mai 1996 waren 29 Staaten der Europäischen Konvention zur Verhinderung von Folter und unmenschlicher oder degradierender Behandlung oder Bestrafung beigetreten: Belgien, Dänemark, Deutschland, Finnland, Frankreich, Griechenland, Irland, Island, Italien, Liechtenstein, Luxemburg, Malta, Niederlande, Norwegen, Österreich, Polen, Portugal, Rumänien, San Marino, Schweden, Schweiz, Slowakei, Slowenien, Spanien, Tschechische Republik, Türkei, Ungarn, Vereinigtes Königreich, Zypern.

82 Am 31. Mai 1996 hatte die Inter-Amerikanische Konvention zur Verhinderung und Bestrafung von Folter 13 Vertragsstaaten: Argentinien, Brasilien, Chile, Dominikanische Republik, El Salvador, Guatemala, Mexiko, Panama, Paraguay, Peru, Surinam, Uruguay, Venezuela.

83 Detaillierte Informationen dazu finden sich in Rodley, a.a.o., Anmerkung 67.

84 Die Grundprinzipien wurden anläßlich des 7. UN-Kongresses über die Verbrechensverhütung und die Behandlung von Rechtsbrechern (Mailand, Italien, 26. August–6. September 1985) angenommen.

85 Die Konvention über den Abbau von Staatenlosigkeit trat im Jahr 1975 in Kraft; bis zum 1. Januar 1995 hatten sie nur 17 Staaten ratifiziert: Armenien, Australien, Bolivien, Costa Rica, Dänemark, Deutschland, Irland, Kanada, Kiribati, Lettland, Libyen, Niederlande, Niger, Norwegen, Österreich, Schweden, Vereinigtes Königreich.

86 Die Konvention betreffend die Zustimmung zur Verheiratung, das Mindestalter für Heirat und die Registrierung von Heiraten trat 1964 in Kraft; per 31. Mai 1996 hatten 45 Länder ihre Beitrittsurkunden hinterlegt: Antigua und Barbuda, Argentinien, Barbados, Benin, Bosnien und Herzegowina, Brasilien, Burkina Faso, Côte d'Ivoire, Dänemark, Deutschland, Dominikanische Republik, Fiji, Finnland, Guatemala, Guinea, Island, Jemen, Jordanien, Jugoslawien (Serbien und Montenegro), Kroatien, Kuba, Mali, Mazedonien (frühere Jugoslawische Republik), Mexiko, Mongolei, Neuseeland, Niederlande, Niger, Norwegen, Österreich, Philippinen, Polen, Rumänien, Samoa, Schweden, Slowakei, Spanien, Südafrika, Trinidad und Tobago, Tschechische Republik, Tunesien, Ungarn, Venezuela, Vereinigtes Königreich, Zimbabwe.

87 So haben zum Beispiel die ILO-Konvention (No 87) betreffend das Versammlungsrecht und den Schutz des Rechts, sich zu organisieren (1948 angenommen und 1950 in Kraft getreten) bis zum 31. Mai 1996 115 Staaten ratifiziert, während die ILO-Konvention (No.151) betreffend den Schutz des Rechts, sich zu organisieren und Maßnahmen zur Festlegung von Anstellungskriterien für den öffentlichen Dienst (angenommen 1978 und 1981 in Kraft getreten) bis zum 31. Mai 1996 lediglich 29 Mitgliedstaaten hatte. Die ILO-Konvention (No.98) betreffend die Anwendung des Grundsatzes des Rechts, sich zu orga-

nisieren und kollektiv Handel zu treiben (1949 angenommen und 1951 in Kraft getreten) wies am 31. Mai 1996 die größte Anzahl von Vertragsstaaten auf, nämlich 126.

88 20 Ratifizierungen sind erforderlich. Bis 31. Mai 1996 hatten nur sieben Staaten die Internationale Konvention zum Schutz der Rechte aller Gastarbeiter und ihrer Familienmitglieder ratifiziert: Ägypten, Kolumbien, Marokko, Philippinen, Seychellen, Sri Lanka, Uganda.

89 Entwicklungsprogramm der Vereinten Nationen, „Human Development Report“, 1994.

90 Im Jahr 1993 richtete die Menschenrechtskommission eine Arbeitsgruppe für das Recht auf Entwicklung ein; sie hat die Aufgabe, Hindernisse aufzuzeigen, die sich der Verwirklichung dieses Rechts in den Weg stellen und Mittel und Wege vorzuschlagen, wie es durchgesetzt werden kann.